Mihaels Laitmans
Kabalas atklāšana

Mihaels Laitmans

Kabalas atklāšana

Laimes atrašanas ceļvedis
Zemes iedzīvotājiem

Михаэль Лайтман

РАСКРЫТИЕ КАББАЛЫ

Руководство для граждан Земли по обретению счастья

Copyright©2023
All rights reserved
Laitman Kabbalah Publishers

ISBN 978-1-77228-109-5

Es nolēmu uzrakstīt grāmatu "Kabalas atklāšana", lai attēlotu šo zinātni kā dzīves gudrības avotu, kas tūkstošiem gadu garumā pierādījusi savu vērtību. Būtībā tieši patlaban kabala kā garīgs un praktisks dzīves ceļvedis ir aktuāla kā vēl nekad.

Grāmata jums pastāstīs, kas patiesībā ir šī senā zinātne: kur ir tās pirmsākums, kā tā attīstījusies un mūsdienās kalpo mums visiem par avotu un ceļvedi, palīdzot pārliecināti dzīvot un gūt panākumus mūsdienu mainīgajā pasaulē.

Līdztekus šī grāmata var kļūt par jūsu personīgo ceļojumu, kurā piedzīvosit daudzus atklājumus. Centos vēstīt par kabalas zinātni vienkārši un saprotami, lai jums būtu patīkami lasīt. Ja "Kabalas atklāšana" jūsu ikdienas dzīvē ienesīs vairāk drošības un komforta un turklāt ļaus uz īsu brīdi ieskatīties mūžībā — es būšu pilnībā atalgots.

Saturs

Par autoru   10

1. nodaļa. **Kabala: pagātnē un tagad**   13
    Vispārējais nodoms   15
    Zinātnes šūpulis   17
    Citi ceļi   18
    Pamatjautājumi   19
    Kabalas rašanās   19
    Pārmaiņu dzinējspēks   20
    Ieņemt vadītāja vietu   21
    Noslēpt, meklēt... un neatrast   23
    Globālajai krīzei ir laimīgas beigas   24
    Egoisms — lamatas   24
    Vienotības nepieciešamība   26
    Paaugstināta uztvere   28
    Laiks pienācis   29
    Secinājumi   30

2. nodaļa. **Diženākā vēlme**   33
    Pamudinājums — attīstības pamats   35
    Aiz slēgtām durvīm   36
    Vēlmju evolūcija   38

Vēlmju vadība	40
Jaunas vēlmes rašanās	41
Jaunās vēlmes īstenošanas metode	42
Tikun — egoistiskās vēlmes labošana	44
Secinājumi	45

3. nodaļa. Radīšanas avoti 47
- Garīgās pasaules — 49
- Četras pamatstadijas — 51
- Radīšanas nodoma meklējumi — 55
- Maršruts — 60
- Augša un apakša — 60
- *Adam Rišon* — kopējā dvēsele — 65
- Secinājumi — 66

4. nodaļa. Mūsu Visums 69
- Piramīda — 71
- Kā augšā, tā arī apakšā — 73
- Augšup pa kāpnēm — 74
- Tiekšanās pēc garīguma — 77
- Secinājumi — 82

5. nodaļa. Kā realitāte ir realitāte 85
- Trīs ierobežojumi kabalas apguvē — 89
- Realitātes uztvere — 93
- Maldu lamatas — 94
- Neeksistējošā realitāte — 95
- Mēraparāts — 97
- Sestā sajūta — 98
- Ja ir ceļš, tad ir tā vadītājs! — 100
- Radīšanas nodoms — 102
- *Rešimot*: atpakaļ nākotnē — 103
- Secinājumi — 106

6. nodaļa. Šaurs ir tas ceļš, kas ved uz brīvību — 109
    Tumsa pirms rītausmas — 112
    Brīnišķīga pasaule četru soļu attālumā — 116
    Iepazīsti savu iespēju robežas — 118
    "Dzīves groži" — 120
    Mainīt sevi, mainot sabiedrību — 121
    Četri pamatelementi — 123
    Vienas sugas putni — 127
    Nekādu anarhistu — 129
    Egoisma nāve ir nenovēršama — 130
    Dziedināšana — 132
    Apslēptība — 134
    Brīvās izvēles nosacījumi — 135
    Izvēles brīvība — 136
    Ticība — 136
    Zināšanas — 137
    Dažos vārdos — 139

Par autoru

Mihaels Laitmans (*Ph. D.*, *M. Sc.* biokibernētikā, ontoloģijas un izziņas teorijas profesors) ir visā pasaulē pazīstams klasiskās kabalas speciālists. Viņa kā atzīta garīgā līdera noietais dzīves ceļš augstākā pakāpē ir neparasts: ieguvis akadēmisko izglītību un sasniedzis nozīmīgus panākumus biokibernētikā, viņš pievērsās senajai zinātnei kabalai, kas joprojām ir galvenais viņa pētniecības objekts.

Mihaels Laitmans sāka mācīties kabalu 1976. gadā. Meklējot īsto skolotāju, 1979. gadā viņam palaimējās nokļūt pie slavenā kabalista Baruha Ašlaga (1906–1991) — Jehudas Ašlaga (1884–1954), kas kabalas pasaulē pazīstams ar vārdu Bāls Sulams, vecākā dēla un darba turpinātāja. Vārdu un slavu viņam atnesa grāmatas *Zoar* komentāri *Sulam* (ivritā — 'kāpnes').

Kopš tā laika divpadsmit gadus Mihaels Laitmans bija tuvākais Baruha Ašlaga skolnieks un personīgais palīgs, nenogurstoši pavadot viņu visus pēdējos dzīves gadus.

Pēc sava skolotāja nāves 1991. gadā Mihaels Laitmans nodibināja Starptautisko kabalas akadēmiju, bet 2004. gadā J. Ašlaga pētniecisko institūtu *ARI* (*Ashlag Research Institute*) — neatkarīgas, nekomerciālas asociācijas, kas nodarbojas ar kabalas zinātnisko un skaidrojošo darbību.

Starptautiskajai kabalas akadēmijai ir filiāļu un tālmācības centru tīkls vairāk nekā trīsdesmit valstīs. Akadēmijas interneta vietne *www.kabbalah.info*, kā atzīmēts enciklopēdijā "Britānika", ir viens no vislielākajiem mācību un izglītības resursiem internetā apmeklētāju skaita, materiālu daudzuma un informētības ziņā. Tā paver neierobežotu pieeju kabalas tekstiem vairāk nekā divdesmit valodās, un to apmeklē desmitiem tūkstoši cilvēku dienā.

Mihaela Laitmana ilggadējie kabalas pētījumi gūst vispārēju atzinību. Viņa spalvai pieder vairāk nekā trīsdesmit grāmatu. Interneta vietnē *www.kab.tv* ik dienas tiešraidē notiek viņa lekcijas ar sinhrono tulkojumu sešās valodās (angļu, krievu, vācu, spāņu, franču un turku).

Kopš 2005. gada Mihaels Laitmans ir Pasaules gudrības padomes (*World Wisdom Council*) biedrs — tā ir vadošo zinātnieku un sabiedrisko darbinieku sapulce, kas nodarbojas ar mūsdienu civilizācijas globālo problēmu risināšanu. Ievērojami starptautiskās intelektuālās sabiedrības pārstāvji atbalsta viņa pūles kabalas mācības nodošanā zinātniekiem un plašai sabiedrībai.

Budapeštas kluba (*Club of Budapest*) un Pasaules gudrības padomes dibinātājs un prezidents profesors Ervins Lāslo (Itālija/Ungārija): "Laikā, kad izšķiras mūsu turpmākās pastāvēšanas liktenis uz šīs planētas, senā kabalas zinātne atkal iegūst nozīmību un aktualitāti. Gudrība, kas ietverta klasiskajā mācībā, jāizmanto, lai risinātu problēmas, ar kurām mēs saskaramies, un īstenotu radušās iespējas. Šim vēstījumam jābūt pieejamam visiem cilvēkiem kā Izraēlā, tā arī visā pasaulē. Mihaels Laitmans kā neviens cits ir spējīgs atrisināt šo svarīgo uzdevumu un izpildīt šo vēsturisko misiju."

Kabalas filozofijas vadošais speciālists profesors Daniels Mets (ASV): "Mihaels Laitmans — tā ir unikāla un pārsteidzoša personība: talantīgs zinātnieks, kas radīja pamatotu zinātnes un kabalas sintēzi."

1. nodaļa

Kabala: pagātnē un tagad

Vispārējais nodoms

Vispārzināms, ka kabala nav mūsdienu Holivudas modes auglis. Šī zinātne pastāv jau tūkstošiem gadu. Tās izcelšanās brīdī cilvēki bija daudz tuvāki dabai nekā tagad. Viņi juta ciešu saikni ar to un saudzīgi izturējās pret visu apkārtējo.

Tad cilvēkiem nebija īpašu iemeslu noslēgties, jo viņi nebija tik egocentriski un atsvešināti no dabas kā mēs patlaban. Tolaik cilvēce bija neatņemama dabas sastāvdaļa un tiecās dziļāk iepazīt apkārtējo pasauli. Dabas likumu zināšanu trūkums neļāva cilvēkiem justies aizsargātiem: viņi baidījās no dabas stihiju spēka un gribot negribot uztvēra tās kā augstākus spēkus.

Būdami ciešā saiknē ar dabu un tajā pašā laikā baidoties no tās, cilvēki tiecās ne tikai iepazīt apkārtējo pasauli, bet, pats svarīgākais, arī noteikt, kas vai kurš to vada.

Tajos senajos laikos cilvēki nevarēja paslēpties no stihiju plosīšanās kā šodien, nevarēja izvairīties no nedienām, kas ir svešas mūsu "mākslīgajai" pasaulei. Tādējādi tuvība dabai un bailes no tās mudināja daudzus meklēt kaut kādu nodomu, kuru daba tiem sagatavojusi un līdz ar to arī mums. Šie apkārtējās pasaules pirmatklājēji gribēja zināt, vai pasaulei ir kāds mērķis, un, ja ir, tad kāda nozīme vispārējā radīšanas nodomā ir cilvēcei. Tos, kas sasniedza Radīšanas Nodoma visaugstāko izziņas pakāpi, sāka saukt par kabalistiem.

> Jēdziens "kabalists" cēlies no ivrita vārda "kabala", kas nozīmē 'saņemšana'. Kabalas oriģinālvaloda ir ivrits — valoda, kuru radīja kabalisti un kura sekmēja viņu savstarpējo saziņu par garīgām tēmām. Daudzas kabalas grāmatas ir uzrakstītas arī citās valodās, bet pamatjēdzieni vienmēr tiek lietoti ivritā.

Unikāla personība starp šiem "pirmajiem celmlaužiem" bija cilvēks vārdā Ābrams. Viņš ir ievērojams ne tikai ar to, ka dziļi izpētīja Radīšanas nodomu, bet arī nodeva šīs zināšanas citiem. Viņš saprata, ka vienīgais līdzeklis pret bailēm un ciešanām cilvēkiem kļūs pilnīga izpratne par dabas nodomu attiecībā uz viņiem, un tāpēc, nežēlojot spēkus, sāka apmācīt visus, kas to vēlējās. Tā Ābrams kļuva par pirmo kabalistu, kas aizsāka kabalas skolotāju plejādi: paši spējīgākie viņa skolnieki kļuva par skolotājiem, bet tie savukārt nodeva šīs zināšanas nākamajai piekritēju paaudzei.

Kabalisti vispārējās dabas programmas autoru sauc par Radītāju, bet pašu programmu — par Radīšanas Nodomu. Citiem vārdiem sakot, kad kabalisti runā par dabu un tās likumiem, ar to viņi domā Radītāju. Runājot par Radītāju, viņi ar to domā dabu un tās likumus. Šie jēdzieni kabalā ir sinonīmi.

Kabalistam jēdziens "Radītājs" nozīmē nevis konkrētu, pārdabisku būtni, bet nākamo pakāpi, kas jāsasniedz cilvēkam, iegūstot augstāka līmeņa zināšanas. Ivritā "Radītājs" skan kā *Borē* un sastāv no diviem vārdiem *Bo* ('atnāc') un *Re* ('skaties'). Līdz ar to vārds "Radītājs" katram cilvēkam ir kā ielūgums izzināt garīgo pasauli.

Zinātnes šūpulis

Pirmo kabalistu iegūtās zināšanas ne tikai palīdzēja viņiem izprast notiekošā slēpto mehānismu, bet arī ļāva izskaidrot dabas parādības, ar kurām mēs visi saskaramies. Viņi kļuva par skolotājiem, bet zinātniskie dati, ko tie nodeva pēctečiem, kļuva par pamatu senajām un mūsdienu zinātnēm.

Iespējams, kāds kabalistus iztēlojas kā vientuļniekus, kas pustumšās istabiņās sveču gaismā raksta noslēpumainus manuskriptus. Tas ir saprotams, jo līdz pat 20. gadsimta beigām kabala tiešām tika glabāta slepenībā. Tāda mistiska atmosfēra ap šo zinātni radīja visvisādus nostāstus un leģendas, un, lai gan lielākoties bija nepatiesas, tās joprojām nodarbina un maldina pat pašus nopietnākos domātājus.

> Gotfrīds Leibnics, izcilais matemātiķis un filozofs, atklāti izteica savas domas par to, kā slepenība ir ietekmējusi kabalu: "Tā kā cilvēkiem nebija pareizās atslēgas, lai piekļūtu Noslēpumam, tad alkas pēc zināšanām tos galu galā aizveda līdz visneiespējamākajiem niekiem un ticējumiem, no kā radās sava veida "vulgārā kabala", kas ir tālu no kabalas patiesības, kā arī līdz dažādām fantāzijām ar maldinošiem maģijas nosaukumiem, ar ko ir pilnas grāmatas."

Tomēr kabala ne vienmēr glabāta slepenībā. Patiesībā pirmie kabalisti atklāti dalījās ar saviem atklājumiem un aktīvi piedalījās sabiedriskajā dzīvē. Mijiedarbība ar kabalistiem ietekmēja viņu līdzgaitniekus zinātniekus, tādējādi veicinot pamatu veidošanu tam, ko mēs šodien saucam par Rietumu filozofiju un kas vēlāk kļuva par pamatu mūsdienu zinātnei. Lūk, ko par to grāmatā "Kabalas māksla" raksta humānists, klasicisma pētnieks, seno valodu un literatūras speciālists Johans Reihlins: "Mans skolotājs Pitagors, filozofijas tēvs, savu mācību nepārņēma no grieķiem, bet gan drīzāk no jūdiem. Tāpēc viņš būtu saucams par kabalistu... Un viņš pats pirmais pārtulkoja vārdu "kabala", kas nebija zināms viņa laikabiedriem, grieķu valodā kā "filozofija"... Kabala neļauj mums pavadīt dzīvi pīšļos, bet paceļ mūsu prātu izziņas virsotnēs."

Citi ceļi

Tomēr filozofi nebija kabalisti. Tā kā viņi nemācījās kabalu, tad nevarēja visaptveroši izprast šīs senās gudrības dziļumu. Tādējādi zināšanas, kuru attīstība un izmantošana prasīja īpašu pieeju, attīstījās un tika lietotas izkropļotā veidā. Kad kabalas zinātne izplatījās citās pasaules daļās, kur tajā laikā nebija kabalistu, tā arī pārdzīvoja daudzas pārmaiņas.

Tā cilvēce sāka iet aplinku ceļu. Lai gan Rietumu filozofija iekļāva sevī kabalas zināšanu daļiņas, tās attīstība tomēr noritēja pavisam citā virzienā. Rietumu filozofija radīja zinātnes, kuras pētīja mūsu materiālo pasauli, ko varēja uztvert ar pieciem maņu orgāniem. Savukārt kabala ir zinātne, kas pēta notiekošo aiz mūsu dabisko sensoru uztveres robežām. Prioritāšu maiņa cilvēci pagrieza pretējā virzienā, kas atšķiras no sākotnējām zināšanām, kuras pārzināja kabalisti. Šī virziena maiņa lika cilvēcei veikt garu apvedceļu, un šī fakta rezultātu mēs aplūkosim nākamajā nodaļā.

Pamatjautājumi

Kabalas zinātne 2000 gadu bija slepena. Iemesls ir vienkāršs — tā nebija pieprasīta. Kopš tiem laikiem cilvēce ir attīstījusi monoteistiskās reliģijas un pēc tam zinātni. Gan zinātne, gan reliģija bija nepieciešamas, lai sniegtu atbildi uz pašiem fundamentālākajiem jautājumiem: "Kāda ir mūsu nozīme pasaulē, Visumā?", "Kāds ir mūsu eksistences mērķis?", citiem vārdiem sakot: "Kāpēc mēs esam piedzimuši?"

Taču šodien kā vēl nekad iepriekš daudzi cilvēki jūt, ka tas, ar ko cilvēcei pietika 2000 gadu garumā, vairs neatbilst viņu prasībām. Skaidrojumi, ko dod reliģija un zinātne, vairs neapmierina. Meklējot atbildes uz pamatjautājumiem par dzīves jēgu, cilvēks vēršas pie citiem avotiem: kāds — pie Austrumu mācībām, likteņa pareģiem, maģijas un mistikas, kāds — pie kabalas.

Tā kā kabala ir radīta, lai skaidrotu šos sensenos jautājumus, šīs zināšanas sniedz uz tiem tiešu atbildi. No jauna ceļot gaismā senās atbildes uz jautājumiem par dzīves jēgu, mēs tiešā nozīmē aizpildām plaisu starp cilvēci un dabu, kas radās tajā laikā, kad novērsāmies no kabalas un pievērsāmies filozofijai.

Kabalas rašanās

Kabalas "debija" norisinājās pirms aptuveni 5000 gadiem Mezopotāmijā — senā valstī, kas atradās mūsdienu Irākas teritorijā. Mezopotāmija bija ne tikai kabalas, bet arī visdažādāko seno prakšu un mistisko tradīciju dzimtene. Tajos laikos cilvēki uzticējās daudzām mācībām, bieži vien vienlaikus atzīstot vairākas. Astroloģija, nākotnes paredzēšana, numeroloģija, maģija, buršana, vārdošana un lāstu praktizēšana — viss šis un daudz kas cits attīstījās un plauka senās pasaules kultūras centrā Mezopotāmijā.

Kamēr cilvēkiem pietika ar ticējumiem, viņi nejuta nepieciešamību pēc pārmaiņām. Viņus interesēja tikai tas, kā nodrošināt savu dzīvi un kā padarīt to patīkamāku. Cilvēku neinteresēja dzīvības rašanās problēmas, un vēl mazāk viņa prātu nodarbināja tas, kurš vai kas ir radošais spēks, kas veidojis dzīves likumus.

Pirmajā mirklī var likties, ka atšķirība starp šiem jautājumiem ir neliela. Būtībā jautājums par dzīvības rašanos atšķiras no jautājuma par likumiem, kas to vada, tāpat kā mašīnas vadīšanas māka neparedz nepieciešamību prast to konstruēt. Tie ir pilnīgi dažādi zināšanu līmeņi.

Pārmaiņu dzinējspēks

Vēlmes nerodas kā pērkons no skaidrām debesīm. Tās neapzināti veidojas mūsos un iznāk ārā jau gatavā veidā. Līdz tam mirklim vēlmes vai nu neizjūt vispār, vai tās tiek uztvertas kā neizskaidrojams nemiers. Mums visiem ir pazīstamas šīs izjūtas, kad gribas kaut ko, bet nav skaidrs — ko. Tā ir nenobriedusi vēlme.

Platons reiz teicis: "Vajadzība — izgudrošanas māte." Un viņam taisnība. Kabala arī māca mūs, ka vienīgais veids, kā uzzināt, ir gribēt uzzināt. Formula visnotaļ vienkārša: vēloties kaut ko, mēs darām visu iespējamo, lai vēlamo sasniegtu. Mēs atrodam laiku, mobilizējam visus spēkus un apgūstam nepieciešamās prasmes. Sanāk, ka vēlme ir jebkuru pārmaiņu dzinējspēks.

Mūsu vēlmju evolūcija nosaka un formē visu cilvēces vēsturi. To pieaugums mudināja cilvēku pētīt apkārtējo vidi, lai apmierinātu jaunās prasības. Atšķirībā no nedzīvās dabas, augiem un dzīvniekiem cilvēki pastāvīgi attīstās. Katrai jaunai paaudzei un personībai vēlmes palielinās, kļūst arvien stiprākas un stiprākas.

Ieņemt vadītāja vietu

Šim pārmaiņu avotam — vēlmei — ir pieci līmeņi, skaitot no nulles līdz četri. Kabalisti to sauc par "vēlmi gūt baudu" vai vienkārši par "vēlmi saņemt". Kad kabala tikai sāka veidoties (pirms aptuveni 5000 gadu), vēlme saņemt bija nulles līmenī. Tagad, kā jau varat nojaust, mēs atrodamies ceturtajā līmenī, pašā nozīmīgākajā tās attīstības posmā.

Tālā pagātnē, kad vēlme saņemt atbilda nulles līmenim, mūsu prasības nebija tik pārmērīgas, lai nošķirtu mūs no dabas un citu no cita. Tad mūsu kopība, saplūšana ar apkārtējo vidi bija dabisks eksistences veids, bet mūsdienās daudzi būtu gatavi maksāt krietnas summas, lai sasniegtu to kādreizējo stāvokli meditācijas stundās (un atzīsim, ka ne vienmēr veiksmīgi). Cilvēkiem pat prātā nenāca, ka var tikt izolēti no dabas.

Savā vienotībā senajiem cilvēku dzimtas pārstāvjiem pat nebija vajadzības sazināties ar vārdiem, viņi mācēja domas nodot telepātiski. Tas patiesi bija viengabalainības laiks, un visa cilvēce bija kā viena tauta.

Situācija sāka mainīties jau Mezopotāmijā: cilvēku vēlmes pieauga un kļuva arvien egoistiskākas. Tā vietā, lai pēc iespējas labāk pielāgotos dabai, adaptētos tās vidē, cilvēki vēlējās mainīt apkārtējo pasauli, lai apmierinātu personīgās vajadzības, tā pastiprinot personīgo nošķirtību un atsvešinātību. Tagad, pēc vairākiem gadsimtiem, mēs saprotam, ka šī ideja bija neprātīga. Tā vienkārši nedarbojas.

Protams, ka cilvēki, pretstatot sevi visiem un visam, vairs neizturējās cits pret citu kā vienas ģimenes locekļi, bet pret dabu — kā savām mājām. Mīlestības vietā stājās naids, agrāk vienotajā tautā sējot sadrumstalotību. Sākumā tā sašķēlās divās grupās, kas nošķīrās un devās uz austrumiem un rietumiem. Turpinot šķelšanos, tās galu galā izveidoja visas tās dažādās tautas, kas pastāv vēl šobaltdien.

Viena no sadalīšanās pazīmēm ir valodu daudzums, kas Bībelē aprakstīts kā Bābeles torņa krišana.

Daudzās valodas izšķīra cilvēkus, radot sajukumu un nekārtību. Ivritā "nekārtības" skan kā "biļbuļ"; apzīmējot radušās jukas, Mezopotāmijas galvaspilsēta ieguva nosaukumu *Bavel* (Bābele).

Pēc šīs šķelšanās cilvēku vēlmes no nulles līmeņa pieauga līdz pirmajam līmenim un mēs sākām sevi pretnostatīt dabai. Tā vietā, lai labotu augošo egoismu, neizjaucot vienotību ar dabu, proti, ar Radītāju, mēs veidojām mehānisku, tehnoloģisku vairogu, kam bija mūs jānošķir no tās. Sākotnēji attīstījām zinātni un tehnoloģijas, lai pasargātu sevi no dabas stihijām. Tomēr iznāk, ka apzināti un negribot mēs būtībā cenšamies kontrolēt Radītāju un ieņemt vadītāja vietu.

> **Tajā laikā, kad notika šis sajukums un nekārtības, Ābrams dzīvoja Bābelē, palīdzēdams savam tēvam izgatavot dieviņu statuetes un vadīt ģimenes tirdzniecību. Nav grūti apjaust, ka Ābrams atradās tieši šo Bābelē plaukstošo ideju biežņā — sava veida seno laiku Ņujorkā. Nekārtības bija Ābramu pastāvīgi nodarbinošā jautājuma: "Kas visu šo vada?" cēlonis, un atbilde uz to ļāva viņam atklāt dabas likumu. Līdzko Ābrams saprata, ka šīm nekārtībām un atšķirtībai ir mērķis, viņš tūdaļ sāka par to stāstīt visiem, kas vēlējās viņā klausīties.**

Noslēpt, meklēt... un neatrast

Cilvēciskais egoisms turpināja augt, un, pārejot uz katru tā jauno līmeni, mēs attālinājāmies arvien tālāk no dabas (Radītāja). Kabalā attālumus nemēra centimetros vai metros, to raksturo ar īpašībām. Radītāja īpašības — vienotība un atdeve, bet sajust Viņu mēs varam tikai tad, ja iemantojam tādas pašas īpašības. Ja esmu egocentrisks, nekādi nevarēšu savienoties ar viengabalaino un altruistisko Radītāju. Tas ir tāpat, kā censties ieraudzīt citu cilvēku, pagriežoties pret viņu ar muguru.

Tā kā mēs stāvam pret Radītāju ar muguru un joprojām vēlamies Viņu kontrolēt, tad pārliecināmies — jo vairāk piepūlamies, jo lielāka ir mūsu vilšanās. Neiespējami pārbaudīt to, ko nevar ieraudzīt vai vismaz sajust. Šī vēlme neīstenosies, ja nepagriezīsimies par 180 grādiem, nepaskatīsimies pretējā virzienā un neatklāsim Viņu.

Cilvēki jau sāk nogurt no nepiepildītiem tehnoloģiskās ēras bagātības, veselības un, galvenais, drošas nākotnes solījumiem. Šodien tikai dažiem tas viss ir, bet pat viņi nevar apgalvot, ka rīt nebūs pārmaiņas. Šī stāvokļa priekšrocība ir tā, ka tas mudina pārskatīt mūsu attīstības virzienu un uzdot jautājumu: "Varbūt visu šo laiku gājām pa nepareizo ceļu?"

Tieši patlaban, kad atzīstam, ka ir krīze un izveidojusies bezizejas situācija, varam atklāti atzīt, ka esam izvēlējušies strupceļu. Tā vietā, lai censtos kompensēt mūsu egocentrismu, attīstot tehnoloģijas un tādējādi pretnostatot sevi dabai, mums vajadzētu egoismu aizvietot ar altruismu, lai varētu panākt apvienošanos ar dabu.

Kabalā tādas pārmaiņas sauc par *tikun* — 'labošanu'. Apzināties, ka esi pretējs Radītājam, nozīmē atzīt nošķiršanu, kas notika starp

Viņu un mums pirms 5000 gadu. To sauc par "ļaunuma apzināšanos". To izdarīt nav viegli, taču tas ir pirmais solis uz patiesu laimi un veselību.

Globālajai krīzei ir laimīgas beigas

Pēdējo 5000 gadu laikā abas no Mezopotāmijas izgājušās sākotnējās cilvēku grupas attīstījās par daudzu dažādu tautu civilizāciju. Viena no tām kļuva par tā dēvēto Rietumu civilizāciju, bet otra — par Austrumu civilizāciju.

Pieaugošā civilizāciju pretnostatīšanās liecina, ka process, kas sākās ar cilvēku sadalīšanu, tuvojas beigām. Pirms 5000 gadu vienotā tauta sašķēlās, jo palielinājās tās biedru egoisms, kas savukārt radīja nesaskaņas to starpā. Mums līdz pat šim laikam nav izdevies izkustēties no nulles punkta šajā jomā, bet tagad mēs to apzināmies daudz skaidrāk.

Kabalas gudrība sludina, ka mūsdienu kultūru pretējības un mistisko kustību popularitāte, ar kurām Mezopotāmija bija pārbagāta, norāda uz cilvēku apvienošanās sākumu jaunā civilizācijā. Mēs sākam saprast, ka esam savstarpēji saistīti un mums jāatgriežas stāvoklī, kāds bija līdz sadalīšanai. Atjaunojot vienoto cilvēci, vienlaikus atjaunosim mūsu saikni ar dabu, ar Radītāju.

Egoisms — lamatas

Egoisms ir lamatas, kas situāciju padara neatrisināmu, bet darbības — bezjēdzīgas. Tas atmasko pats sevi un ved pie sevis noliegšanas un labošanas.

Misticisma uzplaukuma posmā kabalas gudrība bija atklāta, tā deva cilvēkiem zināšanas par pakāpeniski pieaugošo egoismu un tā rašanās iemesliem. Kabalisti apgalvoja, ka viss pastāvošais ietver vēlmi gūt baudu.

Tomēr, ja vēlmes ir egoistiskas, tās nevar īstenoties to dabiskajā veidā. Tā notiek tāpēc, ka, apmierinot kādu vēlmi, mēs to apslāpējam un pārstājam gūt baudu. Piemēram, iedomājieties ēdienu, kas jums vislabāk garšo. Tagad iztēlojieties, ka sēžat šikā restorānā pie galda un smaidošs oficiants atnes trauku ar vāku, noliek jums priekšā un paceļ vāku.

Mmmm... Kāds brīnišķīgs un pazīstams aromāts! Vai jūs jau gūstat baudu? Jūsu ķermenis gūst, un tāpēc tas sāk izdalīt siekalas un kuņģa sulu, iedomājoties vien par redzēto.

Taču tajā pašā mirklī, kad sākat ēst, bauda noplok. Jo vairāk jūs piesātināties, jo mazāku baudu gūstat no ēdiena. Beigu beigās, pilnīgi piesātinājies, vairs negūstat nekādu baudu un pārtraucat ēst. Jūs pārtraucat uzņemt ēdienu ne jau tāpēc, ka pieēdāties, bet tāpēc, ka kuņģis ir pilns un ēdiens vairs nesagādā baudu. Tās ir egoisma "lamatas": saņemot vēlamo, jums to vairs negribas.

Bet, tā kā dzīvi bez baudas nevaram iedomāties, mums jāturpina meklēt jaunas un daudz asākas. Tālab attīstām jaunas vēlmes, kas arī paliks nepiepildītas. Tas ir apburtais loks. Būtībā, jo vairāk gribam, jo nepiepildītāki jūtamies. Tukšuma sajūta vairo mūsu vilšanos.

Tā kā cilvēce atrodas augstākajā vēlmju blīvuma līmenī, kāds vēl nav pieredzēts visā tās vēsturē, mums jāatzīst, ka patlaban mūsu neapmierinātība ir augstāka nekā jebkad, kaut arī mums pieder daudz vairāk nekā mūsu tēviem un tēvu tēviem. Un tieši kontrasts starp to, kas mums ir tagad, un mūsu arvien pieaugošo neapmierinātību arī rada mūsdienu krīzi. Jo egoistiskāki kļūstam, jo iztukšotāki jūtamies un jo redzamāk padziļinās krīze.

Vienotības nepieciešamība

Sākotnēji visi cilvēki bija iekšēji savstarpēji saistīti. Mēs izjutām un uzskatījām sevi par vienotu cilvēcisku būtni, un tieši tāda ir arī dabas attieksme pret mums. Šo "kolektīvo" būtni sauc Ādams. Vārds "Ādams" ir cēlies no vārda *dome*, kas tulkojumā no ivrita nozīmē 'līdzīgs' — līdzīgs Radītājam, kas tāpat ir viens, vienīgais. Taču, par spīti sākotnējai vienotībai, līdz ar egoisma palielināšanos pamazām zaudējām savstarpējās saiknes izjūtu un sākām strauji cits no cita attālināties.

Kabalas grāmatas liecina, ka pēc dabas nodoma mūsu egoismam jāturpina augt, līdz sapratīsim, ka esam kļuvuši sveši un naidīgi cits citam. Saistībā ar dabas plānu mums vispirms vajadzēja sajust vispārēju vienotību, bet pēc tam sašķelties, pārvēršoties patmīlīgos un savrupos individuālistos. Tikai tā spējam apzināties pilnīgo pretstatu Radītājam un savu ārkārtējo egoismu.

Pat vairāk, mums tas bija vienīgais veids aptvert, ka egoisms ir negatīvs, nenes apmierinājumu un ir pilnīgi bezcerīgs. Kā jau tika minēts, egoisms mūs šķeļ un atšķir no dabas, bet, lai mainītu šo stāvokli, vispirms nepieciešams to apjēgt. Šāda izpratne jau ļaus mums vēlēties mainīties un rast veidu, kā atjaunot saikni ar visu cilvēci un dabu — ar Radītāju. Jau minēju, ka vēlme ir pārmaiņu dzinējspēks.

Patiesībā mēs neizvēlamies starp altruismu un egoismu. Mums tikai liekas, ka ir iespēja izvēlēties: būt egoistiem vai altruistiem. Taču, pētot dabu, atklāsim, ka altruisms ir tās pamatlikums. Piemēram, katra ķermeņa šūniņa sākotnēji ir egoistiska, bet, lai pastāvētu, tai nepieciešams atteikties no savām egoistiskajām tendencēm par labu visa ķermeņa veselībai. Kā balvu par to šūniņa sajūt visa organisma dzīvi, ne tikai savu vien.

Arī mums jāattīsta līdzīgas savstarpējas saiknes. Tad, jo veiksmīgāk mēs apvienosimies, jo skaidrāk sajutīsim mūžīgo Ādama dzīvi pretstatā savai pārejošajai laicīgajai dzīvei.

> Kabalists Jehuda Ašlags raksta, ka Augstākā gaisma, piepildot vēlmi un atstājot to, sagatavo trauku, derīgu uzdevuma izpildei, — altruistisku. Citiem vārdiem sakot, ja vēlamies sajust vienotību ar Radītāju, mums vispirms nepieciešams būt vienotiem ar Viņu, bet pēc tam zaudēt šo vienotību. Izjūtot abus stāvokļus, varam apzināti izvēlēties — patiesai vienotībai jābūt apzinātai.
> Šo procesu var salīdzināt ar to, kā mazulis sajūt saikni ar vecākiem, pusaudzis jau pretojas viņiem, bet pieaudzis saprot un attaisno savu audzināšanu.

Patlaban kā vēl nekad agrāk altruisms, izrādās, ir nepieciešams mūsu izdzīvošanai. Jau ir acīmredzams, ka visi esam savstarpēji saistīti un atkarīgi cits no cita. Šī atkarība noteic jaunu un ļoti precīzu altruisma izpratni. Jebkāda rīcība vai nodoms, kas virzīts uz cilvēces apvienošanos, ir altruistiska. Un otrādi — jebkāda rīcība vai nodoms, kas nekalpo cilvēces apvienošanai, ir egoistiska.

Iznāk, ka cilvēka pretnostatīšana dabai ir visu to ciešanu cēlonis, ko novērojam pasaulē. Visas pārējās dabas sastāvdaļas (minerāli, augi un dzīvnieki) instinktīvi seko altruisma likumam. Tikai cilvēka uzvedība ir pretrunā visām pārējām dabas parādībām un Radītājam.

Pat vairāk, apkārtējā pasaulē novērojam ne tikai cilvēciskās ciešanas.

Arī visi citi dabas elementi cieš cilvēka nepareizās darbības dēļ. Ja katra dabas daļa instinktīvi seko tās likumam un tikai cilvēks to nedara, tad iznāk, ka cilvēks — vienīgais neizlabotais dabas elements. Vienkāršāk sakot, kad izlabosim savu egoismu, vēršot to altruismā, viss pārējais arī labosies: ekoloģija, ekonomika un visas sociālās vides problēmas kopumā.

Paaugstināta uztvere

Par altruismu pienākas īpaša balva. Var likties, ka pārmaiņas altruisma garā nozīmē citu cilvēku intereses likt augstāk par personīgajām, tomēr patiesībā no altruisma ir daudz lielāks labums. Sākot domāt par citiem, sākam veidot savstarpējo saikni.

Aplūkosim to no šādas pozīcijas: patlaban pasaulē dzīvo aptuveni 6,5 miljardi cilvēku. Iedomājieties, ka jums tie jāvada, bet divu roku, divu kāju un vienu smadzeņu vietā jums ir 13 miljardi roku, 13 miljardi kāju un 6,5 miljardi galvu! Domājat, būs grūti? Patiesībā ne, jo daudzās smadzenes darbosies kā vienas un visas rokas darbosies kā viens roku pāris. Visa cilvēce funkcionēs kā viens ķermenis, kura iespējas palielināsies 6,5 miljardus reižu.

Pagaidiet, tās vēl nav visas altruisma priekšrocības! Katrs, kurš iemantos altruistiskās īpašības, ne tikai kļūs par pārcilvēku, bet arī tiks apveltīts ar visiekārojamākajām spējām: visredzību jeb kopīgo atmiņu un visu zināšanu kopumu. Jo altruisms ir Radītāja daba; pārņemot šo īpašību, savu dabu pielīdzinām Radītāja dabai, saņemam spēju domāt kā Viņš. Mēs sākam izzināt, kāpēc viss notiek tad, kad tam jānotiek, un kas jādara, lai rezultāts būtu citāds. Kabalā šādu stāvokli sauc par "īpašību sakritību", un tas ir radīšanas mērķis.

Tāds paaugstinātas uztveres stāvoklis, īpašību sakritība arī ir mūsu radīšanas iemesls. Tieši tāpēc sākotnēji bijām radīti vienoti, bet pēc tam piedzīvojām šķelšanos, lai atkal apvienotos. Apvienošanās procesā uzzinot, kāpēc daba rīkojās tā un ne citādi, mēs kļūsim tikpat gudri kā Doma, kas to radījusi.

Saplūstot ar dabu, sajutīsim sevi tikpat mūžīgus un pilnīgus kā tā. Šajā stāvoklī izjutīsim turpinājumu savai pastāvēšanai mūžībā pat pēc ķermeņa nāves. Fiziski dzīve un nāve vairs neietekmēs mūs, jo izbijušā egocentrisma vietā nāks holistiska un altruistiska uztvere. Mūsu personīgā eksistence kļūs par visas dabas dzīvi.

Laiks pienācis

Grāmata *Zoar* — sava veida kabalas Bībele — sarakstīta pirms aptuveni 2000 gadu. Tā vēsta par to, ka 20. gadsimta beigās cilvēces egoisms sasniegs tik augstu līmeni, kāds vēl nav bijis.

Kā jau noskaidrojām iepriekš, jo vairāk cilvēks vēlas, jo iztukšotāks jūtas. Tālab, sākot ar 20. gadsimta beigām, cilvēce jutīsies iztukšota visaugstākā mērā. Grāmatā *Zoar* atzīmēts arī: kad cilvēce sāks sajust tādu tukšumu, tai būs nepieciešams līdzeklis, kas palīdzēs atbrīvoties no šī stāvokļa un veicinās piepildīšanos. Tad, pēc grāmatas *Zoar* liecībām, pienāks laiks atklāt visai cilvēcei kabalu kā līdzekli gūt piepildījumu, līdzinoties dabai.

Piepildījums nenotiks vienā mirklī un vienlaikus visos. Lai labošanās notiktu, cilvēkam tā jāvēlas. Šajā procesā attīstās mūsu personīgā griba.

Labošanās sākas, kad cilvēks apzinās, ka viņa egoistiskā daba ir ļaunuma avots. Tas ir visnotaļ personisks un spēcīgs pārdzīvojums, un tas neizbēgami rada cilvēkā vēlmi mainīties, no egoisma pievērsties altruismam.

Kā jau minēts, Radītājs pret mums izturas kā pret vienotu un nedalītu būtni. Mēs centāmies sasniegt savu mērķi egoistiski, bet nu atskāršam, ka mūsu problēmas var atrisināt tikai kolektīvi un altruistiski. Jo vairāk apzināsimies savu egoismu, jo stiprāk vēlēsimies mainīt savu iedabu. Mēs to neizdarījām, kad kabala radās, bet mums ir iespēja to izdarīt šodien, tāpēc ka tagad zinām, ka mums ir nepieciešamas pārmaiņas!

Aizritējušajos 5000 evolūcijas gados cilvēce izmantoja dažādus baudas gūšanas veidus, pēc tam vīlās tajos un izgudroja nākamos. Viena metode nomainīja citu, bet mēs nekļuvām laimīgāki. Tagad, kad ir pieejama kabalas metode, kuras mērķis ir labot augstākā līmeņa egoismu, mums nav nepieciešams iet pa vilšanās ceļu. Ar kabalas starpniecību vienkārši varam mainīt sevī pašu spēcīgāko egoismu, un visas pārējās izmaiņas sekos kā domino efekts. Šīs labošanās laikā varam sajust piepildījumu, iedvesmu un prieku.

Secinājumi

Kabalas gudrība (saņemšanas gudrība) radās aptuveni pirms 5000 gadu, kad cilvēki pirmoreiz sāka jautāt par savas eksistences jēgu. Tos, kuri to izzināja, sauca par kabalistiem, un viņi zināja atbildes uz jautājumiem par dzīves jēgu un cilvēces nozīmi Visumā.

Tomēr tajās dienās cilvēku vairākumam vēlmes bija vēl pārāk nenozīmīgas, lai atmodinātu tieksmi pēc šīm zināšanām. Tāpēc kabalisti, redzot, ka cilvēcei nav vajadzības pēc viņu gudrības, paslēpa to un slepus gatavoja tam laikam, kad to spēs uztvert visi.

Cilvēce tajā laikā izstrādāja citus darbības virzienus, tādus kā reliģija un zinātne.

Mūsdienās arvien vairāk cilvēku pārliecinās, ka ne reliģija, ne zinātne nerod atbildes uz vissvarīgākajiem dzīves jautājumiem, un sāk tās meklēt citos avotos. Pienācis laiks, kuru gaidīja kabala, tāpēc tā uzrodas tieši tagad, lai sniegtu atbildes uz jautājumiem par mūsu eksistences jēgu.

Kabala māca mums, ka daba jeb Radītājs ir altruistisks un vienots. Tā runā par to, ka mums ne tikai jāizprot daba, bet arī jācenšas pārņemt tās eksistences veidus, pielāgojot tos sev.

Tāpat kabala vēsta, ka, tā rīkojoties, ne tikai kļūsim līdzvērtīgi dabai, bet arī sapratīsim Kopējo Nodomu, kas nosaka tās pastāvēšanu. Tad, kā apgalvo kabala, apjautuši Kopējo Nodomu, kļūsim līdzīgi tā Radītājam, un tas arī ir radīšanas mērķis — līdzināties Radītājam.

2. nodaļa

Dižēnākā vēlme

Tagad, kad esam nedaudz iepazinušies ar kabalas vēsturi, ir īstais laiks pievērsties tam, kādā veidā tā saistīta ar mums.

Kā daudziem jau zināms, kabalas studēšana paredz izmantot zināmu daudzumu terminu, no kuriem vairums nācis no ivrita, citiem ir aramiešu valodas cilme, bet daži pārņemti no citām valodām, piemēram, grieķu. Taču varam jūs nomierināt: iesācēji un tie, kas turpina studēt kabalu, principā var iztikt ar nelielu daudzumu terminu. Ja pārdzīvojat tos garīgos stāvokļus, kurus ar tiem apzīmē, jums atklāsies arī pareizais apzīmējums.

Kabala runā par vēlmēm un to apmierināšanu. Tā pēta cilvēcisko dvēseli un tās izaugsmi — no pieticīgā ceļa aizsākuma garīgās sēklas statusā līdz uzvaras vainagotajām beigām kā Dzīvības Kokam. Jums ir vērts apgūt senās gudrības būtību, jo visas pārējās zināšanas atradīsit savā sirdī.

Pamudinājums — attīstības pamats

Sāksim ar to, pie kā apstājāmies iepriekšējā nodaļā. Mēs runājām, ka nākotne var būt brīnišķīga, ja tikai iemācīsimies rīkoties pretēji savam egoismam — apvienoties ar citiem cilvēkiem, veidojot vienotu garīgu organismu. Mēs uzzinājām, ka pastāv arī šī mērķa sasniegšanas līdzeklis — tam speciāli izstrādāta kabalas metode.

Ja paraugās vērīgi, var skaidri redzēt, ka nevirzāmies pozitīvās nākotnes virzienā. Pasaulē ir krīze — un visai nopietna. Pat ja mēs personīgi vēl neesam piedzīvojuši tās negatīvās sekas, nav nekādu garantiju, ka tas nenotiks nākotnē. Šķiet, ka nav nevienas jomas, kurā krīze nebūtu atstājusi savas pēdas — vai tā ir personīgā dzīve, vai sociālā un apkārtējā vide, kurā dzīvojam.

Krīze pati par sevi nav negatīva parādība, tā vienkārši norāda uz to, ka esošā lietu kārtība ir sevi izsmēlusi un laiks virzīties uz priekšu, uz nākamo attīstības pakāpienu. Demokrātija, rūpnieciskā revolūcija, sieviešu līdztiesība — arī tās ir krīzes izpausmes dažādās dzīves jomās. Būtībā viss, kas šobrīd pastāv, ir savu laiku nodzīvojušas sistēmas krīzes rezultāts.

Šodienas krīze pēc būtības neatšķiras no iepriekšējām, taču to raksturo daudz lielāka spriedze, aptverot visu pasauli. Kā jau katra krīze, tā rada iespēju pārmaiņām — pamudinājumu izaugsmei. Ja izdarīsim pareizo izvēli, grūtības vienkārši izgaisīs. Mēs varētu bez grūtībām nodrošināt ar pārtiku, ūdeni un mājokli visus pasaules iedzīvotājus. Mūsu spēkos ir iedibināt mieru uz Zemes un padarīt to par plaukstošu un dzīvotspējīgu planētu. Tomēr, lai tas notiktu, mums ir jāgrib tā rīkoties un izdarīt izvēli, kuru gaida no mums daba: panākt vienotību sašķeltības vietā, ko esam izvēlējušies pašreiz.

Kā tad ir? Vai negribam vienotību? Kur meklējams mūsu atsvešinātības cēlonis? Jo pārliecinošāks ir progress, jo vairāk zināšanu apgūstam, jo skaidrāk izpaužas mūsu neapmierinātība ar dzīvi. Esam iemācījušies būvēt kosmosa kuģus un radīt robotus molekulas lielumā, esam atšifrējuši cilvēka genomu. Kāpēc tad tā arī neesam iemācījušies dzīvot laimīgi?

Iedziļinoties kabalas mācībā, arvien vairāk pārliecināsimies — tā ved pie lietu būtības izpratnes. Pirms sniegt atbildi, kabala izskaidros, kāpēc esat nokļuvuši tādā vai citādā stāvoklī. Noskaidrojot notiekošā cēloņus, diez vai būs nepieciešami turpmākie norādījumi. Pārskatīsim, ko esam mācījušies šajā aspektā līdz šim, un tad, iespējams, atklāsies, kāpēc vēl neesam atraduši ceļu uz laimi.

Aiz slēgtām durvīm

> Cilvēks, kas nepietiekami vai aplami izglītots,— pats mežonīgākais no zemes radījumiem.
>
> *Platons*, "Likumi", 6. grāmata

Zināšanas vienmēr ir uzskatītas par sasniegumu. Spiegošana nav mūsdienu atklājums, tā pastāvējusi kopš pašiem pirmsākumiem. Tās pamatā vienmēr bija informācijas, ziņu vērtība, tāpēc runa bija vienīgi par to, kam tās var uzticēt.

Pagātnē tos, kam bija zināšanas, sauca par gudrajiem, bet viņu darbs bija vērsts uz dabas likumu izzināšanu. Gudrie slēpa savus atklājumus, baidoties, ka ziņas var nonākt tādu cilvēku rokās, kurus viņi uzskatīja par necienīgiem.

Kā noteikt, kurš pelnījis zināšanas? Pieņemsim, ka man ir ļoti svarīga informācija; vai man ir tiesības to slēpt? Protams, ka neviens neatzīs, ka nav zināšanu cienīgs, un tieši tāpēc esam gatavi "nozagt" mums nepieciešamās ziņas, kam pieeja liegta.

Bet tā nav bijis vienmēr. Pirms daudziem gadiem, kad egoisms vēl nebija sasniedzis augstāko līmeni, cilvēki sabiedrības intereses vērtēja augstāk par personīgajām. Viņi juta saikni ar dabu un visu cilvēci un neaprobežojās ar sevi vien, turklāt tāda attieksme pret dzīvi viņiem šķita dabiska.

Tagad uzskati ir pilnībā mainījušies, un esam pārliecināti par savām tiesībām visu zināt un rīkoties pēc saviem ieskatiem. Tādi atskaites punkti raksturo mūsu pašreizējo egoisma līmeni.

Patiesībā, jau pirms cilvēce sasniedza ceturto vēlmju attīstības līmeni, zinātnieki sāka tirgot savas zināšanas, apmainot tās pret materiāliem labumiem, tādiem kā nauda, slava un vara.

Tā kā materiālās pasaules kārdinājumi pieauga, cilvēki arvien labprātāk atteicās no dabiskā dzīvesveida un pievērsās dabas izpētei. Tad arī šie viltus gudrie novirzīja savu izziņu ķermenisku baudu gūšanai.

Patlaban tehniskais progress un nemitīgais personības egoisma pieaugums ir sasniedzis tādu pakāpi, ka ļaunprātīga zināšanu izmantošana kļuvusi par vispārēji pieņemtu normu. Tomēr, jo vairāk attīstās tehnoloģijas, jo lielākus draudus cilvēki sagādā paši sev un apkārtējai videi. Jo varenāki kļūstam, jo spēcīgāks ir kārdinājums izmantot savu varu, lai sasniegtu vēlamo.

Kā jau minēts iepriekš, vēlmei iegūt ir četri intensitātes līmeņi. Jo tā ir spēcīgāka, jo lielāks kritums vērojams morālē un sabiedrībā. Un nav nekāds pārsteigums, ka pasaule ir krīzes situācijā. Tāpat mums kļūst skaidrs, kālab gudrie slēpa savas zināšanas un kāpēc augošais egoisms mudina viņus atklāt iepriekš rūpīgi sargāto informāciju.

Ja nemainīsim sevi, mums nepalīdzēs ne zināšanas, ne progress. Tie ir spējīgi nodarīt tikai vēl lielāku kaitējumu. Ņemot vērā to visu, būtu nepiedodami naivi cerēt, ka zinātnes sasniegumi spēj, kā solīts, nodrošināt cilvēkiem "labu dzīvi". Ja vēlamies gaišāku nākotni, vajag tikai vienu — mainīt sevi.

Vēlmju evolūcija

Apgalvojumu, ka cilvēka daba ir egoistiska, diez vai var uzskatīt par sensacionālu. Tā kā mēs visi bez izņēmuma jau sākotnēji esam egoistiski, mums ir tieksme ļaunprātīgi izmantot to, ko zinām. Tas gan nenozīmē, ka izdarām noziegumu. Tas var izpausties pavisam niecīgās lietās, piemēram, nepelnītā virzībā pa karjeras kāpnēm vai nesaskaņu radīšanā starp mīlniekiem, gūstot no tā labumu sev.

Ja patiešām ir kas jauns, tad ne tas, ka cilvēks ir egoistisks pēc dabas, bet gan tas, ka katrs sāk apzināties savu egoismu. Pirmo reizi apzinoties savu egoismu, cilvēks pārdzīvo sāpīgu atskurbšanu.

Ir brīnišķīgs skaidrojums mūsu vēlmes saņemt nemitīgās attīstības cēloņiem, un mēs drīz pie tā nonāksim. Tagad koncentrēsim uzmanību uz šīs attīstības nozīmi zināšanu saņemšanā.

Rodoties jaunai vēlmei, tiek radītas jaunas vajadzības. Kad meklējam to apmierināšanas veidus, tad attīstām savu prātu. Citiem vārdiem sakot, evolūcija ir vēlmes attīstības rezultāts, kas koncentrēts uz baudas saņemšanu.

> Pirmais vēlmes attīstības līmenis saistīts ar fiziskajām vajadzībām, tādām kā ēdiens, sekss, ģimene un pajumte. Tās ir visprimitīvākās vēlmes, kas raksturīgas visām dzīvajām būtnēm. Atšķirībā no pirmā līmeņa pārējie līmeņi attiecas tikai uz cilvēku, un tos nosaka viņa piederība pie sabiedrības. Otrais līmenis ir saistīts ar bagātības vēlmi, trešais — ar slavas, atzinības un varas vēlmi, bet ceturtais — ar zināšanu alkām.

Ja paraugās uz cilvēces vēsturi no vēlmju evolūcijas skatpunkta, kļūst skaidrs, ka katra ideja, katrs atklājums un izgudrojums radīti šo augošo vajadzību ietekmē.

Laime un nelaime, bauda un ciešanas ir atkarīgas no mūsu vajadzību apmierinātības pakāpes. Lai gūtu apmierinājumu, nepieciešama piepūle. Būtībā vēlmes virza mūs tādā mērā, kā teicis kabalists Jehuda Ašlags, ka "neviens pat pirkstu nepakustinās bez motivācijas [..], bez kaut kāda labuma sev". Pat vairāk, "ja, piemēram, cilvēks pārliek savu roku no krēsla malas uz galda, tas notiek tāpēc, ka viņš cer no šīs pārvietošanas saņemt vairāk baudas, nekā viņam jau ir. Ja viņš uz to necerētu, roka paliktu uz krēsla malas līdz viņa mūža beigām."

Iepriekšējā nodaļā egoisms nodēvēts par lamatām. Citiem vārdiem sakot, baudas spēks ir atkarīgs no vēlmju spēka. Piepildoties vēlme proporcionāli samazinās. Tātad, kad zūd vēlme, izgaist arī bauda. Izrādās, lai no kaut kā gūtu baudu, ir ne tikai jāgrib, bet arī vēlme jāsaglabā, citādi bauda pamazām izzudīs.

Pat vairāk, bauda mīt ne jau pašā vēlmju objektā, bet gan tajā, kas alkst pēc šīs baudas. Piemēram, ja man ļoti garšo tuncis, tas nenozīmē, ka tuncī mīt mana vēlme, vienkārši bauda tunča "formā" ir manī.

Pajautājiet jebkuram tuncim, vai tam sagādā baudu paša ķermenis? Šaubos, ka tas atbildēs apstiprinoši. Es varētu nedelikāti pajautāt šai zivij: "Kāpēc tu negūsti baudu? Kad es nokožu gabaliņu no tevis, ir tik garšīgi... Bet tev apkārt ir tonnām tunča! Tavā vietā es aiz laimes būtu septītajās debesīs."

Protams, īstenībā tāds dialogs nav iespējams, un ne jau tāpēc, ka tunči nerunā cilvēku valodā. Mēs instinktīvi jūtam, ka zivs nevar gūt baudu no savas miesas, bet tajā pašā laikā cilvēkiem tunča garša var radīt lielu baudu.

Kāpēc rodas tunča garšas bauda? Tāpēc, ka mums ir vēlme. Kāpēc zivis nespēj gūt baudu no savas miesas? Tāpēc, ka viņām šīs vēlmes nav. Konkrētu vēlmi gūt baudu no noteikta objekta sauc par *kli* — 'trauku' vai 'instrumentu', bet "traukā" saņemto baudu sauc par *or* — 'gaismu'. *Kli* un *or* koncepcija — pats svarīgākais kabalas gudrības noteikums. Kad varēsit radīt *kli* — trauku Radītājam —, tad arī saņemsit Viņa gaismu.

Vēlmju vadība

Tagad, kad ir zināms, ka vēlmes veicina progresu, aplūkosim, kā esam tās pārvaldījuši visā cilvēces vēstures gaitā. Pārsvarā ar vēlmēm rīkojāmies divējādi.

1. Pārvērtām par ieradumiem, "audzinot" vai pielāgojot tās ikdienas dzīvei.
2. Ierobežojām vai apspiedām tās.

Lielākā daļa reliģiju izmantoja pirmo veidu, solot atalgojumu par katru uzvedības aktu. Atbalstot mūs rīkoties Dievam tīkami, garīgie vadoņi un apkārtējie ar pozitīvu reakciju stiprināja mūsu "labos darbus".

Kļūstot vecākiem, mēs pārstājam saņemt "balvas", bet apziņā saglabājas, ka par "labiem darbiem" apbalvo.

Atliek vien pie kaut kā pierast, un tas kļūst par mūsu otro dabu. Rīkojoties dabiski, mēs gūstam no tā baudu.

Otrs vēlmju pārvaldīšanas veids ir ierobežot tās, — tas galvenokārt tiek izmantots Austrumu mācībās. Šī pieeja balstās uz vienkāršu noteikumu: labāk neko negribēt kā gribēt un nedabūt.

Gadiem ilgi šķita, ka pietiek ar šīm divām metodikām. Lai gan mēs nekad nesaņēmām, ko gribējām (saistībā ar noteikumu: saņemot vēlamo, pārstāj to gribēt), dzīšanās pēc baudas pati par sevi sniedza baudu. Atlika tikai kārtējo reizi kaut ko sagribēt, un ticējām, ka tieši šoreiz mūsu vēlmes noteikti piepildīsies. Cerība mūs nepameta līdz brīdim, kad sapņi izplēnēja, jo tur, kur ir cerība, ir arī dzīve, lai arī sapņi nepiepildās.

Taču vēlmes auga. Aizvien mazāku baudu sniedza neīstenojamie sapņi — tukšās *kli* —, kurām neseko cerētais piepildījums. Tad abi ierastie veidi — audzināšana un vēlmju samazināšana — saskārās ar nopietnu pārbaudījumu. Kad nav iespējams vēlmes savaldīt, nekas cits neatliek, kā atrast veidu, kā tās apmierināt. Šādā situācijā ir vai nu jāatsakās no iepriekšējā rīcības veida, vai kaut kā jāpiesaista jauniem meklējumu virzieniem.

Jaunas vēlmes rašanās

Mēs atzīmējām četrus vēlmes saņemt līmeņus:
a) fizioloģiskās vajadzības pēc ēdiena, dzimtas turpināšanas un ģimenes;
b) alkas pēc bagātības;

c) tiekšanās pēc varas un atzinības (dažreiz tiek iedalītas divās dažādās grupās);
d) alkas pēc zināšanām.

Šie četri līmeņi iedalāmi sīkāk vēl divās grupās: dzīvnieciskās vēlmes (pirmais līmenis), kopīgas visām dzīvajām būtnēm, un cilvēciskās vēlmes (otrais, trešais un ceturtais līmenis), kas raksturīgas tikai cilvēkiem. Pēdējā līmeņa vēlmju attīstība mūs arī novedusi tur, kur pašlaik atrodamies.

Tomēr patlaban saņemšanas vēlmju evolūcijas ķēdē cilvēkā dzimst jauna — piektā vēlme. Kā jau mināts iepriekšējā nodaļā, grāmata *Zoar* vēstīja par tās parādīšanos 20. gadsimta beigās.

Šī jaunā vēlme nav vienkārši vēl viena vēlme citu vidū, tā ir visu iepriekšējo vēlmju līmeņu kulminācija. Tā ir ne tikai pati spēcīgākā, tai ir arī unikāls raksturs, kas to atšķir no visām citām vēlmēm.

Pirmo četru līmeņu vēlmes kabalisti nosacīti sauc par "sirdi". Taču piektais vajadzību līmenis ir principiāli atšķirīgs. Tajā ir tikai garīgas baudas, bet ne materiālas. Šī tipa vēlmes ir garīgās izaugsmes sākums, kas paredzēts katra cilvēka liktenī. Tāpēc kabalisti to nosauca par "punktu sirdī".

Jaunās vēlmes īstenošanas metode

Kad rodas "punkts sirdī", cilvēks no alkām pēc zemes baudām (sekss, nauda, vara un zināšanas) pamazām pāriet uz garīgo baudu meklējumiem. Tā kā šis vēlmju veids ir jauns, nepieciešams arī jauns to sasniegšanas veids. Jaunās vēlmes apmierināšanas metodi sauc par kabalas zinātni — zinātni par to, kā saņemt.

Lai izprastu šo jauno metodi, vajadzētu tikt skaidrībā, kāda ir atšķirība starp kabalu, kuras mērķis ir apmierināt tiekšanos pēc garīguma, un citām metodēm, ko mēdz lietot, lai apmierinātu visas pārējās vēlmes. Par "parastām" vēlmēm saucam tādas, kuras ir viegli konstatējamas. Izsalkumā es meklēju barību, bet, vēloties cieņu, — daru to, kas, manuprāt, liek cilvēkiem pret mani izturēties ar cieņu.

Tomēr, nezinot tieši, kas ir garīgums, kā lai uzzinu, kas man jādara, lai to iegūtu? Jo sākumā pat neaptveram, ka patiesībā vēlamies atrast Radītāju; nesaprotam arī to, ka Tā meklējumos mums būs nepieciešama jauna metode. Šī vēlme mums ir tik neierasta un tieši tāpēc arī nesaprotama. Tāpēc tās atklāšanas un apmierināšanas metode nosaukta par "slepeno zinātni". Kamēr gribējām ēdienu, sabiedrisko stāvokli, maksimāli — zināšanas, neizjutām vajadzību pēc šīs apslēptās gudrības. Mums nebija, kur to lietot, tāpēc tā arī palika slēpta. Tomēr slēpšana nenozīmē, ka šī gudrība nav vajadzīga. Tieši pretēji, 5000 gadus kabalisti pilnīgoja un slīpēja savu zinātni, gaidot, kad tā būs vajadzīga cilvēkiem, un rakstīja lasītājiem arvien pieejamākas grāmatas, lai kabalas uztveršanu padarītu vienkāršāku un saprotamāku. Viņi zināja, ka nākotnē tā būs nepieciešama visai pasaulei, un, pēc viņu pieņēmumiem, tas sagaidāms, parādoties piektā līmeņa vēlmēm. Tagad esam to sasnieguši un tāpēc izjūtam vajadzību pēc kabalas.

Izsakoties šīs zinātnes vārdiem, lai gūtu baudu, nepieciešama tai atbilstoša *kli* — precīzi noteikta vēlme, lai gūtu konkrētu baudu. *Kli* parādīšanās mudina mūsu smadzenes izvēlēties veidu, kā to piepildīt ar gaismu (*or*). Tagad, kad daudzos no mums ierunājies "punkts sirdī", kabalas gudrība kļūst par tieksmes pēc garīguma īstenošanas līdzekli.

Tikun — egoistiskās vēlmes labošana

Jau minēts, ka egoistisko vēlmi var dēvēt par lamatām: atliek tikai iegūt vēlamo, lai tūlīt pat pārstātu to vēlēties, bet nevēloties taču nevar gūt baudu.

Tiekšanās uz garīgumu ietver sevī unikālu mehānismu, kas tam piemīt sākotnēji un ļauj izvairīties no lamatām. Šo mehānismu sauc par *tikun* — labošanu. Pirms piektā līmeņa vēlme var tikt izmantota pareizi un sniegt baudu, tai jāizpaužas labošanas centienos.

Tikun principa izpratne palīdzēs atbrīvoties no daudziem maldiem, kas skar kabalu. Alkas pēc varas bija tas virzošais spēks, kas pamatā visām progresīvajām tendencēm un pārmaiņām cilvēces vēsturē. Tomēr varas alkas vienmēr nozīmēja baudas gūšanu, lai apmierinātu savas personīgās vēlmes. Vēlme gūt baudu nav nekas slikts. Taču nodoms izbaudīt personīgo apmierinātību pretstata mūs dabai, Radītājam. Respektīvi, vēlme gūt tikai sev mūs attālina no Radītāja. Tajā tad arī ietverta mūsu nepilnība — cēlonis visām mūsu nelaimēm un neapmierinātībai.

Tikun rodas ne tad, kad vairs nesaņemam, bet tad, kad mainām saņemšanas motīvu, savu nodomu. Ņemšanu tikai sev sauc par egoismu. Taču tad, kad mēs saņemam, lai būtu vienoti ar Radītāju, to sauc par altruismu — saplūšanu ar dabu.

Piemēram, vai gūsit baudu no vienveidīga ēdiena mēnešiem ilgi? Visdrīzāk jau ne. Tomēr tieši to mēs pieprasām no bērniem, neatstājot viņiem izvēles iespējas. Viņi piekrīt tikai tāpēc, ka nezina neko citu. Vienu var teikt droši: ēdot mazulis gūst baudu tikai no pilnā vēdera.

Tagad iedomājieties māti. Iztēlojieties, kā staro viņas seja, kad tā baro bērnu. Viņa ir laimīga tāpēc vien, ka redz, ar kādu baudu ēd mazulis. Viņš var (pats lielākais) sajust apmierinājumu, taču māte ir pilna līksmes.

Kas notiek? Gan māte, gan bērns gūst baudu no bērna vēlmes saņemt ēdienu. Tomēr tajā pašā laikā, kad bērns ir koncentrējies uz savu kuņģi, mātes bauda ir bezgalīga, jo viņa ir laimīga, ka var ko dot savam bērnam. Viņa ir koncentrējusies uz mazuli, nevis uz sevi.

To pašu var teikt par dabu. Ja mēs zinātu dabas vēlmes un īstenotu tās, tad sajustu atdeves baudu. Vēl vairāk — mēs sajustu to nevis instinktīvi kā māte savu bērnu, bet garīgā līmenī mūsu savstarpējā saiknē ar dabu.

Ivritā — kabalas senākajā valodā — nodoms ir *kavana*. Tādējādi, lai veiktu *tikun*, nepieciešams nodrošināt savām vēlmēm pareizu kavanu. Balva par *tikun* un kavanas esamību būs pēdējā un diženākā no vēlmēm — tiekšanās pēc garīguma un Radītāja. Kad šī vēlme īstenojas, cilvēks atklāj sistēmu, kas vada realitāti, piedalās tās radīšanā un beigās saņem atslēgu un ieņem vadītāja vietu. Tāda personība vairs nepārdzīvo dzīves un nāves stāvokli kā mēs, bet viegli un priecīgi lidinās mūžībā bezgalīgā labsajūtas un vienotības straumē, saplūsmē ar Radītāju.

Secinājumi

Ir pieci vēlmju līmeņi, kas iedalāmi trīs grupās. Pie pirmās grupas pieskaita dzīvnieciskās vēlmes (barība, vairošanās un ģimene), pie otrās — cilvēciskās vēlmes (nauda, atzinība, zināšanas), pie trešās — garīgās vēlmes ("punkts sirdī").

Kamēr bija aktīvas pirmās divas grupas, apmierinājāmies ar savu vēlmju kaut kādu nebūt izkopšanu vai apspiedām tās. Parādoties "punktam sirdī", pirmie divi ceļi kļūst neefektīvi un rodas nepieciešamība meklēt jaunus. Tieši šajā laikā kabala, kas slēpta tūkstošiem gadu, gaidot brīdi, kad tā būs nepieciešama, no jauna piesaka sevi.

Kabalas gudrība ir mūsu labošanas (*tikun*) līdzeklis. Izmantojot to, varam mainīt nodomu (*kavana*) no vēlmes izdabāt savām iegribām jeb egoisma uz vēlmi sniegt prieku visam apkārtesošajam — dabai, Radītājam —, un to sauc par altruismu.

Globālā krīze, ko patlaban pārdzīvojam, patiesībā ir vēlmju krīze. Ja izmantosim kabalas gudrību, lai apmierinātu pēdējo, diženāko no visām vēlmēm — tiekšanos uz garīgumu —, visas problēmas automātiski atrisināsies, jo to sakne ir garīgajā neapmierinātībā, kuru izjūt ļoti daudz cilvēku.

3. nodaļa

Radīšanas avoti

Tagad, kad esam noteikuši, ka šodien ir nobriedusi reāla nepieciešamība pēc kabalas studijām, pienācis laiks pievērsties šīs gudrības pamatiem. Lai arī grāmatas formāts neļauj detalizēti izpētīt augstākās pasaules, šīs nodaļas noslēgumā jums jau būs pietiekami stabilas pamatzināšanas, lai turpinātu padziļinātas kabalas studijas, ja būs tāda vēlēšanās.

Vispirms daži vārdi par attēliem: kabalas grāmatās ir un vienmēr bijis daudz shēmu. Šīs ilustrācijas palīdz raksturot garīgos stāvokļus un struktūras. Kopš sākta gala kabalisti izmantojuši tās savu pārdzīvojumu skaidrošanai garīgo atklāsmju ceļā. Tomēr jāņem vērā, ka ilustrācijas neatspoguļo materiālus objektus. Tās ir tikai shēmas, kuras izmanto, lai skaidrotu garīgos stāvokļus, kas saistīti ar vistuvākajām cilvēka attiecībām ar Radītāju, ar dabu.

Garīgās pasaules

Radījums — tā ir vēlme gūt baudu, un tam ir četras attīstības stadijas. Un tieši pēdējā no tām arī ir "Radījums" (1. att.). Tāda vēlmes evolūcijas matricveida struktūra ir visa esošā pamats.

1. attēlā atspoguļots radīšanas akts. Ja to aplūkosim kā procesu, tas palīdzēs mums iegaumēt, ka zīmējumi attēlo emocionālos, garīgos stāvokļus, nevis kaut kādas vietas vai objektus.

Pirms ķerties pie radīšanas, vajag visu apdomāt un ieplānot. Šajā gadījumā runājam par tās rašanās cēloni. Mēs to saucam par Radīšanas Nodomu.

Pirmajā nodaļā minēts, ka senos laikos bailes no dabas spieda cilvēkus sevis un visas cilvēces labad meklēt tās virzošos spēkus. Novērojumu gaitā viņi noskaidroja, ka daba mums ir ieplānojusi baudas saņemšanu. Tomēr te netiek runāts par visām baudām, ko mēs varētu izjust. Daba (tas, ko mēs saprotam ar jēdzienu "Radītājs") vēlas, lai mēs saņemtu īpašu baudu — baudu no tā, ka līdzināmies dabai, proti, Radītājam.

Tāpēc, ja ieskatīsities 1. attēlā, pamanīsit, ka Radīšanas Nodoms būtībā ir vēlme sniegt baudu (ko sauc par "gaismu") visiem radījumiem. Tas arī ir visa radījuma avots, mūsu kopējais sākums.

Kabalisti izmanto jēdzienu *kli* ('trauks, tilpne'), lai skaidrotu saņemšanas vēlmes baudu — gaismu. Tādējādi var saprast, kāpēc kabalu sauc par saņemšanas zinātni.

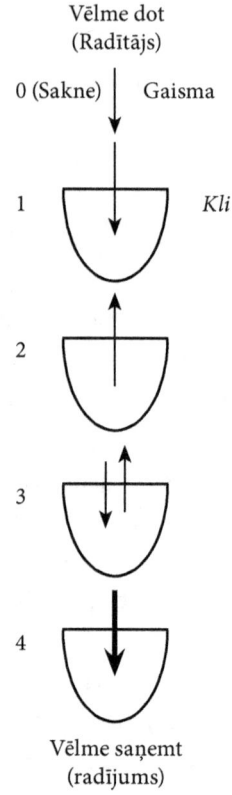

1. attēls. Vēlmes saņemt piecas attīstības stadijas

Uz leju vērstās bultiņas apzīmē no Radītāja nākošo gaismu, uz augšu vērstās bultiņas apzīmē radījuma vēlmi sniegt baudu Radītājam.

Viņiem bija pamatots iemesls saukt baudu par gaismu. Sajūtot Radītāju, *kli* ('radījums, personība') iemanto diženu gudrību, kas nāk kā atklāsme, kā ieraudzīt gaismu. Kad tas notiek, top skaidrs, ka atklājusies gudrība vienmēr ir bijusi te, tikai slēptā stāvoklī. Tāpat kā nakts tumsu nomaina dienas gaisma, tāpat neredzamais kļūst redzams. Tā kā gaisma nes zināšanas, kabalisti to sauc par gudrības gaismu, bet tās saņemšanas metodi — par "kabalas gudrību".

Četras pamatstadijas

Atgriezīsimies pie mūsu vēstures. Lai īstenotu praksē Savu ideju — dāvāt baudu —, Radītājs izdomāja tādu radījumu, kurš vēlas saņemt garantētu baudu — būt līdzīgs Viņam. Ja jums ir bērni, jums ir pazīstamas vecāku jūtas. Vai tēvam var būt kaut kas vēl patīkamāks par vārdiem "Jūsu dēls ir tik līdzīgs jums"?

Tātad Radītāja nodoms — dāvāt baudu radījumam — ir dzīves avots. Tāpēc Radīšanas Nodomu arī sauc par "sākuma stadiju" jeb "nulles stadiju", bet vēlmi saņemt baudu — par "pirmo stadiju".

Kabalisti Radītāju sauc arī par "vēlmi dot", bet radījumu — par "vēlmi saņemt baudu" vai vienkārši par "vēlmi saņemt". Tālāk turpināsim sarunu par to, kā uztveram Radītāju, bet šobrīd ļoti svarīgi ir saprast, ka kabalisti vienmēr pastāsta, ko uztver. Viņi neapgalvo, ka Radītājam ir vēlme dot, bet runā, ka saskaņā ar viņu redzējumu Viņam ir vēlme dot, un tāpēc viņi sauc Radītāju par "vēlmi dot".

> **Ņemiet vērā, ka nulles stadija attēlota ar bultiņu virzienā uz leju. Lai kur jūs redzētu bultiņu, kas vērsta uz leju, tā nozīmē gaismu, kas nāk no Radītāja pie radījuma. Taču nekad nav pretēji: ja bultiņa vērsta uz augšu, tas nenozīmē, ka radījums atdod gaismu Radītājam, bet atspoguļo radījuma vēlmi atdot dāvāto gaismu Viņam. Kas notiek, kad divas bultiņas ir vērstas pretējos virzienos? Lasiet tālāk un drīz uzzināsiet!**

Tā kā līdz ar to viņi atklāja sevī vēlmi saņemt baudu, ko sūta Radītājs, tad nosauca sevi par "vēlmi saņemt".

Tādējādi slāpes pēc baudas ir radījuma būtība. Kad radījums — vēlme saņemt — jūt, ka bauda nāk no dodošā, viņš apzinās, ka patiesā bauda ir došanā, nevis saņemšanā. Tādējādi vēlme saņemt sāk pārvērsties ar vēlmi dot (paskatieties uz bultiņu, kas vērsta augšup un sākas no otrās *kli* — kausa, kas parādīts attēlā). Tā ir pilnīgi jauna stadija — otrā.

Izpētīsim šīs stadijas atšķirības! Ja palūkosimies uz pašu *kli*, ieraudzīsim, ka tā stadijās nemainās. Tas nozīmē, ka vēlme saņemt ir tikpat aktīva kā iepriekš. Jo, tā kā šī vēlme arī ir tapusi Radīšanas nodoma ietvaros, tā ir mūžīga un nemainīga.

Tomēr otrajai stadijai atbilst vēlme saņemt baudu no došanas, nevis no saņemšanas — un tā ir principiāla pārmaiņa. Atšķirība ir tā, ka otrajā stadijā ir cita būtne, kurai var dot. Citiem vārdiem sakot, ar to domātas pozitīvas savstarpējās attiecības ar kaut ko vai kādu, izņemot pašu dodošo.

Otrā stadija, kas mudina dot, par spīti sākotnējai vēlmei saņemt, ir tieši tas, kas dzīvi dara iespējamu. Bez tās vecāki nerūpētos par bērniem, bet sabiedriskā dzīve vispār nebūtu iedomājama. Piemēram, ja esmu restorāna īpašnieks, vēlos nopelnīt naudu, bet galu galā baroju nepazīstamus cilvēkus, kas mani vispār neinteresē. Tas pats sakāms par baņķieriem, uzņēmējiem un taksometru vadītājiem.

Tā varam saprast, kāpēc dabas likumi ir altruisms un došana, nevis saņemšana, pat ja vēlme saņemt ir katra radījuma pirmajai stadijai raksturīgās rīcības pamatā. No mirkļa, kad radījums izjūt abas vēlmes — gan došanas, gan saņemšanas —, viss, kas ar viņu notiks, būs atkarīgs no šo divu stadiju "savstarpējām attiecībām".

Otrās stadijas vēlme dot liek mums sazināties, meklēt tos, kam ir vajadzība saņemt. Tādējādi sākas izpēte, ko var dot Radītājam. Jo kam tad vēl lai dod?

Tomēr tad, kad radījums otrajā stadijā cenšas dot, tas atklāj, ka Radītāja vienīgā vēlme ir došana. Viņam nav ne mazākās vēlmes saņemt. Un ko radījums spēj dot Radītājam?

Pat vairāk, radījums otrajā stadijā atklāj, ka būtībā viņa patiesā vēlme pirmajā stadijā ir virzīta uz saņemšanu. Tas sāk saprast, ka viņa eksistences pamats ir vēlme saņemt baudu un prieku, kurā nav ne mazākās slieksmes uz patiesu došanu. Un tieši tajā ir ietverts jautājuma atrisinājums, jo Radītājs vēlas tikai dot, bet radījums Viņam var dāvāt tikai savu vēlmi saņemt.

Iespējams, jūs samulsināja šī situācija, bet atcerieties baudu, ko izjūt māte, kas baro mazuli, un sapratīsit, ka bērns sniedz baudu mātei vienkārši ar to, ka grib ēst.

Bet vēlmes saņemt trešo stadiju raksturo apzināta izvēle saņemt, proti, Sākuma stadijā saņemtā atdošana atpakaļ Radītājam. Tagad aplis ir noslēdzies, un abi spēles dalībnieki kļūst par devējiem: Nulles stadija — Radītājs — dod savam radījumam, kas ir pirmā stadija, bet Radījums, izejot pirmo, otro un trešo stadiju, pieņemot atdod saņemto Radītājam.

> Viens no visbiežāk lietotajiem kabalas jēdzieniem — *sfirot*. Šis vārds ir cēlies no ivrita un saistīts ar vārdu *sapir* ('spīdošais'). Katrai sfirai (vārds *sfirot* vienskaitlī) piemīt unikāla gaisma. Turklāt katrai no piecām stadijām ir viena vai dažu sfirotu nosaukumi. Nulles stadiju sauc par *Keter*, pirmo — par *Hohma*, otro — par *Bina*, trešo — par *Zeir Anpin* un ceturto — par *Malhut*.

> Pavisam ir desmit sfirotas, jo *Zeir Anpin* sastāv no sešām sfirotām: *Hesed, Gvura, Tiferet, Necah, Hod* un *Jesod*. Tādējādi pilns sfirotu uzskaitījums ir šāds: *Keter, Hohma, Bina, Hesed, Gvura, Tiferet, Necah, Hod, Jesod* un *Malhut*.

Pirmajā attēlā lejup vērstā bultiņa trešajā stadijā norāda, ka tās darbība ir saņemšana tāpat kā pirmajā stadijā, bet uz augšu vērstā bultiņa norāda, ka tās nodoms ir atdeve tāpat kā otrajā stadijā. Vēlreiz uzsvērsim, ka vēlme saņemt paliek nemainīga kā pirmajā, tā arī otrajā stadijā.

Kā minēts iepriekš, visu problēmu cēlonis ir egoistiski nodomi. Arī sākotnēji radīšanas nodoms ir daudz svarīgāks nekā pati darbība. Jehuda Ašlags pat apgalvo, ka, metaforiski izsakoties, trešo stadiju raksturo: saņemšana — desmit procenti un došana — deviņdesmit procenti.

Izskatās, ka mūsu priekšā ir pilnīgs cikls, kurā Radītājam ir izdevies gūt panākumus — radīt sev līdzīgu, dodošu radījumu. Pat vairāk, radījums gūst baudu no došanas, ar to sniedzot baudu Radītājam. Bet vai ar to Radīšanas Nodoms ir izsmelts?

Nepavisam. Saņemšanas akts (pirmā stadija) un izpratne, ka Radītāja vienīgā vēlme ir dot (otrā stadija), pamudina radījumā tieksmi sasniegt Viņa stāvokli (trešā stadija). Ja radījums arī kļūst dodošs, tas nenozīmē, ka sasniegts Radītāja stāvoklis, tādējādi pilnībā īstenojot Radīšanas Nodomu; tad viss beigtos jau trešajā stadijā.

Sasniegt Radītāja statusu radījumam nozīmē ne tikai kļūt par dodošu, bet arī iemantot to pašu nodomu, kas ir Dodošajam, — Radīšanas Nodomu. Atrazdamies šajā stāvoklī, viņš sapratīs, ar kādu mērķi bija īstenots cikls "Radītājs — radījums" un kāpēc Radītājs radīja radījumu.

Ir skaidrs, ka vēlme saprast Radīšanas Nodomu ir pilnīgi jauna eksistences stadija. To iespējams salīdzināt tikai ar bērnu, kurš tiecas būt tikpat stiprs un gudrs kā viņa vecāki. Mēs instinktīvi aptveram, ka tas ir iespējams tikai tad, kad bērns "nostāsies vecāku vietā". Un tieši tāpēc viņi tik bieži savām atvasēm saka: "Pagaidi, kad tev būs savi bērni, tu visu sapratīsi."

Kabalā Radīšanas Nodoma izpratni — pašu dziļāko izziņas līmeni — sauc "izzināšana". Tieši uz to tiecas saņemšanas vēlme pēdējā, ceturtajā stadijā.

Tieksme izzināt Radīšanas Nodomu — vislielākais spēks, kas piemīt radījumam. Šis spēks darbina visu evolūcijas procesu. Vai to apzināmies vai ne, bet īstās zināšanas, pēc kurām tiecas visa cilvēce, — saprast, kāpēc Radītājs dara to, ko dara. Tas pats stimuls pirms tūkstošiem gadu pamudināja kabalistus izzināt radīšanas noslēpumus. Kamēr to nesapratīsim, — miera mums nebūs.

Radīšanas Nodoma meklējumi

Lai gan Radītājs vēlas, lai mēs gūtu baudu no līdzības ar Viņu, sākotnēji Viņš mūsos šo vēlmi neieliek. Viss, ko Viņš devis mums — radījumam, kopīgai dvēselei *Adam Rišon* —, ir maksimālas alkas pēc baudas. Tomēr, kā redzam no secīgās stadiju maiņas, vēlme līdzināties Radītājam tomēr ir radījumā pakāpeniski attīstījusies.

Trešajā stadijā radījums jau ir saņēmis visu un pauž nodomu dot kaut ko Radītājam. Cikls varētu noslēgties, jo radījums jau sāk darīt to pašu, ko dara Radītājs, — dod. Šajā ziņā viņi ir sasnieguši līdzību.

Tomēr radījums nav paredzēts došanai. Tas vēlējās saprast, kas došanu padara priecīgu, kas dod enerģiju, kas nepieciešama, lai radītu realitāti, un kādu gudrību devējs dodot iemanto. Īsāk izsakoties, radījums gribēja saprast Radīšanas Nodomu. Šī vēlme bija pilnīgi jauna, Radītājs sākotnēji "nebija ielicis" to radījumā.

Šajā Nodoma meklējumu posmā radījums norobežojas, nošķiras no Radītāja. To var iztēloties šādi: ja man gribas kādam līdzināties, tas, bez šaubām, nozīmē, ka es apzinos, ka tas eksistē neatkarīgi no manis un tam piemīt tas, ko es vēlos sev, un tas ir tāds, kādam man gribētos kļūt.

Citiem vārdiem sakot, es apzinos ne tikai to, ka Kāds pastāv neatkarīgi no manis, bet arī Viņa atšķirību no manis. Pat ne vienkārši atšķirību, bet pārākumu pār mani. Citādi — kāpēc gan man gribētos līdzināties Viņam?

Tādējādi *Malhut*, ceturtā stadija, ievērojami atšķiras no pirmajām trim stadijām, jo tiecas gūt pilnīgi cita veida baudu (tāpēc attēlā redzama mazliet treknāka bultiņa) — līdzināties Radītājam. Radītāja skatījumā *Malhut* vēlme noslēdz Radīšanas Nodomu — tādu ciklu, kādu Viņš sākotnēji bija iecerējis (2. attēls).

Diemžēl mēs neko neaplūkojam no Radītāja pozīcijām. Kad raugāmies no šejienes, no lejas, turklāt caur ainu sagrozošām garīgajām acenēm, skats, kas mums paveras, ir tālu no ideāla. Jo *kli* ('personība') ir absolūti pretēja gaismai un spēj līdzināties šai gaismai tikai tad, ja tiek izmantota vēlme saņemt ar nodomu dot. Tādējādi rīkojoties, *kli* pārslēdz savu uzmanību no personīgās baudas uz prieku, ko Radītājs saņem no došanas. Tad arī *kli* kļūst dodoša.

Būtībā saņemšana, lai dotu Radītājam, parādās jau trešajā stadijā. Proti, Radītāja darbs šajā stadijā, lai radījums līdzinātos Viņam, ir pabeigts. Radītājs dod, lai dotu, bet radījums trešajā stadijā saņem, lai dotu, tātad viņi ir vienoti attiecībā pret mērķi.

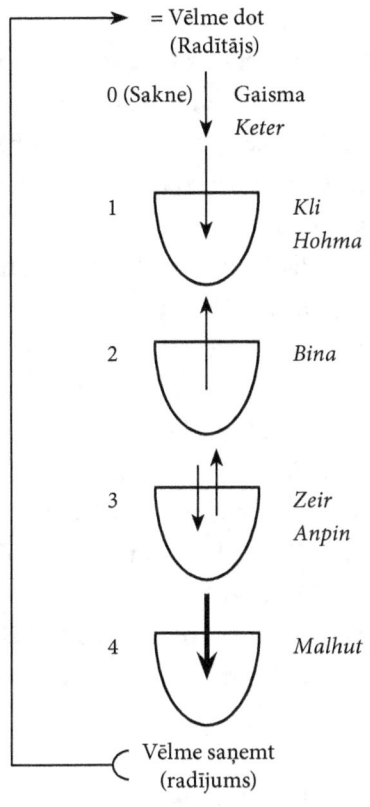

2. attēls

Ar bultiņu *no Malhut* līdz Radītājam apzīmēta *Malhut* vēlme līdzināties Radītājam.

Taču diženākā bauda nav zināt, ko dara Radītājs, un atdarināt Viņa darbības, bet gan saprast, <u>kāpēc</u> Viņš to dara, un domāt tādas pašas <u>domas</u> kā Viņš. Šis augstākais Esības aspekts — nodoms dot Radītājam — nebija sākotnēji iekļauts radīšanā; tas radījumam jāsasniedz patstāvīgi (ceturtajā stadijā).

No vienas puses, šķiet, ka mēs ar Radītāju atrodamies pretējās pozīcijās, jo Viņš ir dodošais, bet mēs — saņemošie. Patiesībā diženākā bauda Radītājam — lai mēs līdzinātos Viņam, bet visaugstākā bauda mums — būt līdzīgiem Radītājam. Tieši tāpat katrs bērns grib līdzināties saviem vecākiem, bet vecāki, protams, sapņo, lai bērni sasniegtu to pašu, ko viņi un pat pārspētu viņus.

Izrādās, ka mums ar Radītāju patiesībā ir viens un tas pats mērķis. Ja izpratīsim šo domu, mūsu dzīve var kardināli mainīties. Tā vietā, lai kristu izmisumā un ciestu orientiera trūkuma dēļ, bet to šodien izjūt daudzi no mums, mēs kopā ar Radītāju varētu virzīties uz Radīšanas mērķi, kas mums noteikts jau laiku pirmsākumos.

Lai līdzinātos Radītājam, Dodošajam, *kli* veic divas darbības. Pirmā: tas pārstāj saņemt, proti, veic darbību, ko sauc par *cimcum* ('saīsināšana'). Tā *kli* pilnībā bloķē gaismu, neļaujot tai iekļūt iekšā. Izmantojot sadzīves piemēru, var teikt, ka vieglāk ir vispār atteikties no garšīga, bet kaitīga ēdiena nekā apēst nedaudz, lielāko daļu atstājot uz šķīvja. Tādējādi *cimcum* ir pirmais un vienkāršākais solis ceļā uz līdzību Radītājam.

> **Lai aprakstītu vēlmi dot, kabalisti lieto vairākus terminus: Radītājs, Gaisma, Dodošais, Radīšanas Nodoms, Nulles Stadija, Sākuma stadija, *Keter, Bina* un citus. Arī, lai aprakstītu vēlmi saņemt, viņi izmanto dažādus apzīmējumus: radījums, *kli*, saņemošie, pirmā stadija, *Hohma* un *Malhut* — te minēti tikai daži no tiem. Šie termini raksturo atsevišķus divu īpašību aspektus — došanu un saņemšanu. Ja to atcerēsimies, daudzie termini nemulsinās.**

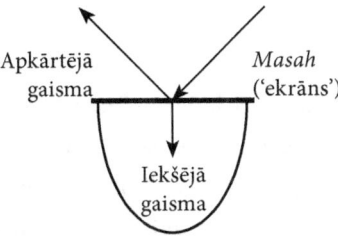

3. attēls

Masah — līnija, kas atdala gaismu, ko radījums var saņemt ar nodomu sniegt baudu Radītājam (iekšējā gaisma), no gaismas, ko viņš nevar saņemt ar šo nodomu (apkārtējā gaisma).

Otra darbība, ko veic *Malhut*, ir mehānisma izveide, kas nodrošinās gaismas (baudas) izpēti un noteiks, vai ir vērts to saņemt un kādā apjomā. Šo mehānismu sauc par *masah* ('ekrāns'). Faktoru, kas *masah* nosaka saņemamās gaismas daudzumu, sauc par "došanas mērķi" (3. attēls). Vienkāršāk izsakoties, *kli* uzņem sevī tik daudz, cik spēj pieņemt ar nodomu sniegt baudu Radītājam. *Kli* uzņemto gaismu sauc par "iekšējo gaismu", bet gaismu, kas paliek ārpusē, — par "apkārtējo gaismu".

Beidzoties labošanās procesam, *kli* pieņems visu Radītāja gaismu un saplūdīs ar Viņu. Tāda arī ir Radīšanas mērķa būtība. Sasniedzot šo stāvokli, sajutīsim Viņu gan visi kopā kā vienots organisms, gan arī katrs atsevišķi, jo, patiesību sakot, pilnīgi pabeigta *kli* sastāv nevis no viena cilvēka vēlmes, bet gan visas cilvēces vēlmēm. Tādējādi, pabeidzot pēdējo labošanu, mēs līdzināsimies Radītājam, ceturtā stadija būs īstenota un Radījums gan mūsu, gan Viņa skatījumā taps pilnīgs.

Maršruts

Lai radījums izpildītu uzdevumu līdzināties Radītājam, pirmais, kas nepieciešams, — pareiza apkārtne, kas ļaus attīstīties un kļūt līdzīgam Radītājam. Šo apkārtni sauc par "pasaulēm".

Ceturtajā stadijā radījums sadalījās divās daļās: augšējā un apakšējā. Augšējā daļa veido pasaules, bet apakšējā — radījumu, kas pilnībā pieder šīm pasaulēm. To var skaidrot tā: pasaules sastāv no vēlmēm, kurās *masah* ielaiž gaismu, bet radījums — no vēlmēm, kurās *masah* neļauj tai iekļūt.

Iepriekš šajā nodaļā tika runāts, ka četru stadiju modelis ir visas esošās dzīves pamats. Tādējādi pasaules evolucionē atbilstoši tam pašam principam, kas darbojās šo četru stadiju veidošanā. 4. attēlā (kreisajā pusē) nosauktas ceturtās stadijas sastāvdaļas, kas sadalītas augšējā un apakšējā daļā; pirmajai no tām pieder pasaules, otrajai — radījums.

Augša un apakša

Mēs jau zinām, ka radījums sastāv vienīgi no vēlmes saņemt baudu un prieku. Proti, ka augša un apakša saistīta nevis ar kaut kādu telpu, bet ar vēlmēm, kuras varam vērtēt vai nu kā cēlas, vai zemiskas. Citiem vārdiem sakot, cēlās vēlmes vērtējam augstāk nekā tās, kuras uzskatām par zemiskām. Ceturtajā stadijā jebkura vēlme, kuru var izmantot, lai dotu Radītājam, pieder pie augstākās daļas, un jebkura vēlme, kas nevar tik izmantota šim mērķim, attiecas uz apakšējo daļu.

Tā kā ir pieci vēlmju līmeņi — nedzīvais, augu, dzīvnieku, runājošais un garīgais —, jāizanalizē katrs no tiem. Īstenojamās vēlmes veido pasaules, bet (pagaidām) neīstenojamās — radījumu.

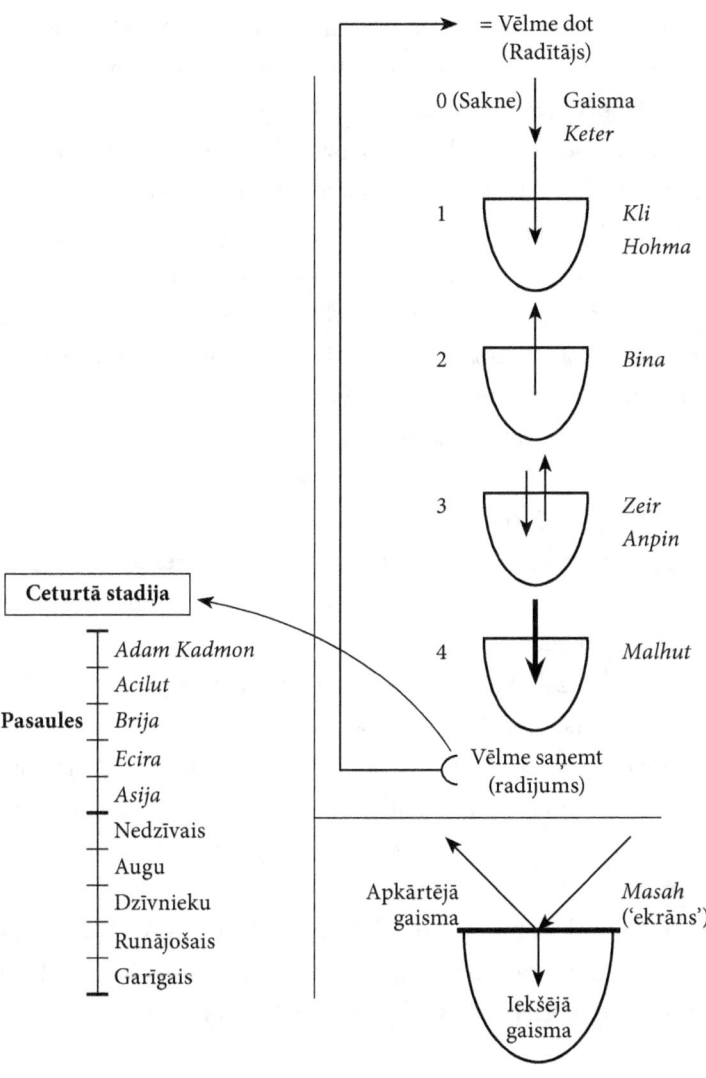

4. attēls

Kreisajā pusē attēlota *Malhut* iekšējā struktūra, kas atspoguļo, ka tā ir visu garīgo un arī materiālo pasauļu avots.

Tāpēc mazliet vairāk pakavēsimies pie ceturtās stadijas un tās darba ar *masah*. Jo galu galā ceturtā stadija — tie esam mēs, tāpēc, izprotot, kā tā darbojas, varēsim kaut ko uzzināt par sevi.

Ceturtā stadija — *Malhut* — neuzradās no nekurienes. Tā ir trešās stadijas attīstības rezultāts, kas savukārt ir otrās stadijas attīstības rezultāts utt. Tāpat kā Ābrams Linkolns kā ASV prezidents neuzradās no nekurienes. No zīdaiņa Eiba viņš pārtapa par mazu zēnu, pēc tam — par jaunieti, pēc tam — par nobriedušu vīrieti, kas kļuva par valsts prezidentu. Viņa attīstības starpstadijas nekur nepazuda. Ja to nebūtu, Linkolns nekad nekļūtu par prezidentu Linkolnu. Mēs tās neredzam tāpēc, ka augstākais attīstības līmenis ne tikai akumulē sevī un noslēdz zemākos līmeņus; šis pēdējais — visaugstākais — līmenis ne tikai izjūt to esību, bet arī mijiedarbojas ar tiem.

Tieši tāpēc reizēm jūtamies kā bērni, īpaši, ja tiek aizskartas mūsu jūtīgās stīgas, ko nepasargā "brieduma laika" slāņi. Tad jūtamies gluži kā neaizsargāti bērni.

Tāda daudzslāņaina struktūra ļauj mums kļūt par vecākiem. Bērnu audzināšanā mēs samērojam to stadiju, kurā atrodamies, ar iepriekšējām stadijām: mums ir saprotamas situācijas, kurās nokļūst mūsu audzināmie, jo paši savulaik piedzīvojām kaut ko līdzīgu. Šādos gadījumos mēs izmantojam daudzos gados uzkrāto pieredzi un zināšanas.

Cēlonis šādi organizētam cilvēkam izriet no tā, ka *Malhut* (sauksim šo stadiju pēc tās vispārējā nosaukuma) veidota analoģiski. Tajā ietvertas visas iepriekšējās stadijas pirms *Malhut*, un tās uztur pēdējās struktūru.

Tas, ko uzzinājām, pagaidām nevieš skaidrību, kura no piecām pasaulēm ir mūsu pasaule. Patiesībā — neviena. Nevajadzētu aizmirst, ka garīgajā dimensijā nav "vietu", ir tikai stāvokļi. Jo augstāka pasaule, jo altruistiskāks tās stāvoklis. Mūsu pasaule nekur netiek pieminēta, jo garīgās pasaules ir altruistiskas, bet mūsu, tāpat kā mēs paši, — egoistiska. Tā kā egoisms ir pretējs altruismam, mūsu pasaule ir atdalīta no garīgo pasauļu sistēmas. Tāpēc kabalisti nemin to savā struktūrā.

Pat vairāk, pasaules patiesībā nemaz nepastāv, ja paši tās neradām, līdzinoties Radītājam. Par to tiek runāts pagātnes laikā tikai tāpēc, ka kabalisti, kas pacēlušies no mūsu pasaules garīgajās pasaulēs, pavēstīja mums par saviem atklājumiem šai augšupceļā. Ja arī mēs gribam atrast savas garīgās pasaules, mums vajadzēs tās radīt sevī, kļūstot par altruistiem.

Lai kļūtu daudz līdzīgāka Radītājam, *Malhut* analizē katru tajā paslēpto vēlmju līmeni un iedala tos attiecīgā līmeņa īstenojamās un neīstenojamās vēlmēs. Tomēr īstenojamās vēlmes tiks izmantotas ne tikai, lai saņemtu ar sekojošu došanu Radītājam, bet arī lai sniegtu Radītājam palīdzību īstenot Viņa uzdevumu — pielīdzināt *Malhut* sev.

Nedaudz iepriekš minēts, ka uzdevuma līdzināties Radītājam izpildē radījumam jāizveido pareiza apkārtējā vide, kas ļauj attīstīties un sasniegt šo līdzību. Tieši ar to nodarbojas pasaules — īstenojamās vēlmes. Tās "parāda" neīstenojamām vēlmēm, kā jāsaņem, lai dotu Radītājam, un tādējādi palīdz tām laboties.

Var atainot savstarpējās attiecības starp pasaulēm un radījumiem kā celtnieku grupu, kurā viens celtnieks nezina, ko darīt. Pasaules apmāca radījumu, demonstrējot katras operācijas izpildes veidu: kā urbt, kā rīkoties ar āmuru, slīpējamo mašīnu utt. Garīgajā līmenī pasaules demonstrē radījumam, ko tām devis Radītājs un kā doto vispareizāk izmantot. Pamazām radījums var sākt izmantot savas vēlmes tiešā veidā; lūk, kāpēc vēlmes mūsu pasaulē parādās pakāpeniski, sākot no pieticīgākajām un beidzot ar visuzstājīgākajām.

Vēlmes iedalās šādi: *Adam Kadmon* pasaule ir nedzīvā līmeņa īstenojamā daļa, bet apakšējā daļā nedzīvais līmenis kā radījums ir neīstenojamā daļa. Būtībā nedzīvajā līmenī nekas nav jālabo, jo tas ir nekustīgs un neizmanto savas vēlmes. Nedzīvais līmenis (abu daļu) ir tikai sakne visam, kas seko aiz tā.

Nākamā pasaule *Acilut* ir augu līmeņa īstenojamā daļa, bet augu līmenis apakšējā daļā radījumam ir neīstenojamā daļa. *Brija* pasaule ir īstenojamā daļa dzīvnieku līmenī, bet dzīvnieku līmenis apakšējā daļā radījumam ir neīstenojamā daļa. *Ecira* pasaule ir īstenojamā daļa runājošajā līmenī, bet runājošā līmeņa apakšējā daļa radījumam ir neīstenojamā daļa. Visbeidzot, *Asija* ir īstenojamā daļa pašam intensīvākajam garīgo vēlmju līmenim, bet garīgais līmenis apakšējā daļā radījumam ir neīstenojamā daļa.

Tagad jums ir zināms, kāpēc, izlabojot cilvēci, viss pārējais izlabojas tajā pašā acumirklī. Bet nu parunāsim par mums un to, kas ar mums notika.

Adam Rišon — kopējā dvēsele

Adam Rišon, kopējā dvēsele (radījums), ir senākā sakne visam, kas šeit notiek. Tā ir vēlmes struktūra, kas radusies garīgo pasauļu veidošanās dēļ. Kā jau tika minēts iepriekš, piecas pasaules — *Adam Kadmon, Acilut, Brija, Ecira* un *Asija* — noslēdza ceturtās stadijas augšējās daļas izveidi. Taču tās apakšējā daļa ir jāattīsta.

Citiem vārdiem sakot, dvēseles sastāv no neīstenojamām vēlmēm, kuras nespēja uzņemt gaismu, lai to dotu Radītājam, kad tika izveidotas pirmo reizi. Tagad tām jāizpaužas citai pēc citas un jātop izlabotām — sasniedzamām — ar to pasauļu palīdzību, kas īsteno vēlmes.

Līdzīgi kā ceturtās stadijas augšējā daļa, tās apakšējā daļa iedalās — nedzīvajā, augu, dzīvnieku, runājošajā vēlmju līmenī. *Adam Rišon* attīstība notiek tādā pašā secībā kā pasauļu un četru pamatstadiju attīstība. Tomēr Ādama vēlmes ir egoistiskas, egocentriskas un tāpēc nespēj uzņemt gaismu. Tādējādi mēs — Ādama dvēseles daļiņas — zaudējām viengabalainību un vienotību, ko sākotnēji izjutām, kad tikām radīti.

Mums nepieciešams izprast garīgās sistēmas darbības principu. Radītāja vēlme ir virzīta uz atdevi, tāpēc Viņš mūs arī radījis un uztur mūsu eksistenci. Kā jau bija norādīts, vēlme saņemt pēc savas iedabas ir egocentriska, tā ņem sev. Tajā pašā laikā vēlme dot ir koncentrēta uz ārējo un ņem vērā saņēmēja intereses.

Tā kā Radītājs alkst dot, tad tas, ko Viņš radījis, noteikti gribēs saņemt, citādi Viņa vēlme nevarēs īstenoties. Līdz ar to Viņam vajadzēja ielikt mūsos saņemšanas alkas un neko citu. Ļoti svarīgi apzināties, ka mūsos nav un nav jābūt nekam citam kā tikai vēlmei saņemt. Respektīvi, ja pieņemam Radītāja dāvanas, aplis noslēdzas. Viņš ir laimīgs, un mēs esam laimīgi. Pareizi?

Patiesībā — ne gluži. Tā kā tas, ko mēs gribam, ir saņemt, tad nespējam nodibināt saikni ar dodošo, jo mūsos nav tādas spējas paskatīties ārpus sevis, lai ieraudzītu, no kurienes nāk veltes. Izrādās, mūsos vienlaikus jābūt vēlmei gan saņemt, gan arī dot. Lūk, kāpēc mums ir pirmā un otrā stadija.

Abu vēlmju ieguve neparedz jaunas vēlmes radīšanu, kādu nebūtu mūsos ielicis Radītājs. Lai to iemantotu, jākoncentrējas tikai uz baudu, kuru sniedzam dodošajam, nevis uz savu personīgo baudu, kuru saņemšanas procesā var izjust un var arī neizjust. To sauc par "nodomu dot". No vienas puses, tā ir labošanas būtība, no otras puses, pārvērš mūs kā cilvēcīgas būtnes no egoistiem altruistos. Kad beigu beigās iemantosim šo īpašību, varēsim nodibināt saikni ar Radītāju — pieļauju, ka tas tad arī garīgajām pasaulēm mums jāiemāca.

Kamēr nesajutīsim savu saikni ar Radītāju, esam tikai *Adam Rišon* dvēseles lauskas, neizlabotas vēlmes. Tajā mirklī, kad mūsos parādās nodoms dot, mēs labojamies un nodibinām saikni gan ar Radītāju, gan ar visu cilvēci. Kad mēs visi izlabosimies, atkal pacelsimies savā Sākuma stadijā, augstāk par *Adam Kadmon* pasauli, pie paša Radīšanas nodoma, ko sauc par *Ein Sof* (Bez gala), jo mūsu realizācija būs bezgalīga un mūžīga.

Secinājumi

Radīšanas Nodoms — dāvāt baudu un prieku, padarot radījumu līdzīgu tā Radītājam. Šis Nodoms (gaisma) rada vēlmi saņemt baudu un prieku.

Tālākajā attīstības gaitā vēlme saņemt sāk transformēties vēlmē dot, kas vairāk atbilst Radītājam, un, bez šaubām, tai dodama priekšroka. Tad tā (vēlme saņemt) pieņem lēmumu saņemt, jo tādā veidā var sniegt baudu Radītājam. Turklāt tā alkst uzzināt par personīgās rašanās Nodomu, jo nav lielāka prieka, kā zināt visu. Visbeidzot, vēlme saņemt (radījums) sāk saņemt ar nodomu dot, jo došana to dara līdzīgu Radītājam; pateicoties tam, radījums var izdibināt Viņa domas.

Vēlmes, kas virzītas uz saņemšanu, lai dotu, veido pasaules, kas ir radījuma augšējā daļa, bet vēlmes, kuras nevar izmantot došanai, veido kopīgo *Adam Rišon* dvēseli. Šīs vēlmes ir radījuma apakšējā daļa.

Pasaulēm un dvēselei ir līdzīga struktūra, bet atšķirīgs vēlmju spēks. Tāpēc pasaules var parādīt dvēselei, kas jādara, lai iemācītos dot, un tādējādi veicina Ādama dvēseles labošanu.

Var teikt, ka katra vēlme labojas noteiktā pasaulē: nedzīvais līmenis labojas *Adam Kadmon* pasaulē, augu — *Acilut* pasaulē, dzīvnieku — *Brija* pasaulē, runājošais — *Ecira* pasaulē, bet tiekšanās uz garīgumu var būt izlabota tikai *Asija* pasaulē, kuras apakšējo daļu pārstāv mūsu materiālais Visums. Šis secinājums tuvina mūs tēmai, kas izklāstīta nākamajā nodaļā.

4. nodaļa

Mūsu Visums

Iepriekšējās nodaļas sākumā minēts, ka pirms radīšanas akta bija Radīšanas Nodoms. Šis Nodoms paredzēja attīstības stadiju veidošanu — no pirmās līdz ceturtajai — no vēlmes saņemt, kas radīja pasaules, — no Adam Kadmon *pasaules līdz Asija, kas savukārt radīja* Adam Rišon, *kas sašķēlās patlaban esošajās mūsu dvēseļu miriādēs.*

Visnotaļ svarīgi atcerēties radīšanas kārtību — tā vieglāk iegaumēt, ka jebkura attīstība norit virzienā no augšas uz leju, no garīgā uz materiālo, nevis otrādi. Praktiski tas nozīmē, ka mūsu pasauli radīja garīgās pasaules un tā atrodas to pārvaldībā.

Pat vairāk, mūsu pasaulē nav tāda notikuma, kas vispirms nenotiktu augšā. Mūsu pasaule no garīgajām pasaulēm atšķiras tikai ar to, ka garīgajās pasaulēs notiekošais atspoguļo altruistiskus nodomus, bet mūsu pasaules notikumi — egoistiskus.

Pasauļu daudzpakāpju struktūra ļauj mūsu pasauli saukt par garīgo procesu un notikumu "seku pasauli". Lai ko arī mēs te darītu, tas nekādi neietekmē garīgās pasaules. Respektīvi, ja vēlamies kaut ko mainīt savā pasaulē, tad vispirms mums jāpaceļas garīgajā pasaulē, mūsu pasaules "tālvadības centrā", un jāiedarbojas no turienes.

Piramīda

Gan garīgajās pasaulēs, gan arī mūsu pasaulē visa attīstība iziet piecas stadijas — no nulles līdz ceturtajai. Mūsu pasaule uzbūvēta līdzīgi piramīdai. Apakšā, pie šīs pasaules evolūcijas pirmpamatiem atrodas nedzīvais (bezdvēseliskais) līmenis, kas sastāv no triljoniem tonnu matērijas (5. attēls).

Šajos triljonos tonnu matērijas maldās dzirkstele, ko sauc par "planētu Zeme". Lūk, uz šīs Zemes aizsākās vēlmju attīstības posms. Dabiski, ka planētas augu masa ir nesalīdzināmi mazāka par nedzīvās matērijas masu, bet vēl vairāk matērijas ir visā Visumā. Dzīvnieki radās pēc augiem, un to masa ir neliela pat salīdzinājumā ar augiem. Runājošas būtnes radās pēdējās, un to masa ir vismazākā.

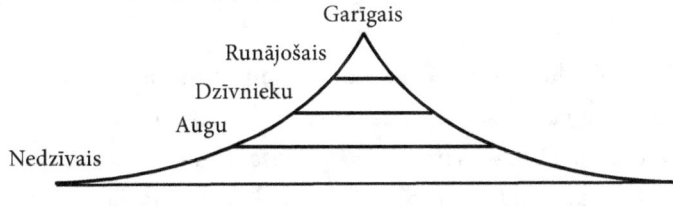

5. attēls

Realitātes piramīda ir arī vēlmju piramīda. Tai ir ietekme gan garīgajās pasaulēs, gan arī mūsu materiālajā pasaulē.

Pēdējā laikā runājošajā līmenī attīstījās nākamais — "garīgais līmenis" jeb "garīgums". (Tā kā mēs šeit runājam par ģeoloģiskiem laikmetiem, vārdi "pēdējā laikā" nozīmē, ka šo notikumu "vecums" skaitāms vairākās tūkstošgadēs.) Mēs nespējam pilnībā aptvert visu radījumu, bet, ja pievēršamies piramīdai (5. attēls) un iztēlojamies katru divu blakus līmeņu proporcionālās attiecības, sākam saprast, cik patiesībā neparasta un jauna ir tieksme pēc garīguma. Būtībā, ja Visuma pastāvēšanas laiku (un tas ir aptuveni 15 miljardi gadu) iztēlojas kā vienu dienu, kas sastāv no 24 stundām, tad tieksme pēc garīguma radusies pirms 0,0288 sekundēm. Ģeoloģisko laikmetu mērogā tas arī ir "tagad".

Tātad, no vienas puses, jo cēlāka vēlme, jo tā retāka (un jaunāka). No otras puses, virs cilvēciskā līmeņa esošais garīgais līmenis liecina, ka mūsu evolūcija vēl nav pabeigta. Evolūcija ir tikpat dinamiska kā vienmēr, bet, tā kā tagad atrodamies tās pēdējā izpausmes stadijā, tad, protams, uzskatām to par augstāko. Var atrasties augšējā līmenī, bet tas nenozīmē, ka tas būs noslēdzošais. Mēs atrodamies tikai pašā pēdējā no jau īstenotajiem līmeņiem.

Noslēdzošais līmenis paredz, ka mūsu ķermenis paliks tāds pats, bet kardināli mainīsies domāšana, jūtas un dzīvesveids. Tas viss jau briest mūsos, un to sauc "garīgais līmenis".

Nebūs nekādu fizisku pārmaiņu, nekādu jaunu veidu — būs tikai iekšējas pārmaiņas mūsu pasaules uztverē. Tieši tāpēc nākamā stadija ir tik netverama; tā slēpjas mūsu iekšējā pasaulē, ierakstīta mūsu *rešimot* (garīgajos gēnos) kā dati cietajā diskā. Šo informāciju lasīs un īstenos dzīvē neatkarīgi no tā, vai to apzināsimies vai ne. Tomēr mēs varam izlasīt to un ieviest dzīvē daudz ātrāk un patīkamāk, ja lietosim pareizo programmnodrošinājumu — kabalas gudrību.

Kā augšā, tā arī apakšā

Ja velkam paralēles starp Zemes attīstības fāzēm un četrām tiešās gaismas izplatības stadijām, tad minerālu ēra atbilst sākotnējai (nulles) stadijai, augu ēra — pirmajai, dzīvnieku ēra — otrajai stadijai, runājošo būtņu ēra — trešajai, bet garīguma ēra — ceturtajai stadijai.

Zemes ugunīgā[1] jaunība ilga dažus miljardus gadu. Kad planēta atdzisa, uz tās parādījās augu valsts, kļūstot par valdošo dzīvības formu daudzus miljonus gadu. Tieši tāpat augu līmenis arī garīgajā piramīdā ir daudz plānāks par nedzīvo līmeni, un fiziski augu posms bija īsāks par Zemes nedzīvās radības dzīves laiku.

Augu stadijai beidzoties, sākās dzīvnieciskā līmeņa attīstības posms. Tāpat kā pirmajos divos gadījumos, arī dzīvnieku ēra bija daudz īsāka par augu valsts attīstības posmu, proporcionāli salīdzinot garīgajā piramīdā augu un dzīvnieku līmeņus.

Cilvēku stadija, kas atbilst garīgās piramīdas runājošajam līmenim, ilgst jau 40 000 gadu vai aptuveni tik ilgi. Kad cilvēki beigs savu attīstību ceturtajā (pēdējā) stadijā, evolūcija noslēgsies un cilvēku dzimta atkal apvienosies ar Radītāju.

Ceturtā stadija sākās pirms aptuveni 5000 gadu, kad cilvēkā ierunājās "punkts sirdī". Cilvēku, kas pirmais sajuta šo punktu, sauca par Ādamu, tāpat kā garīgajā pasaulē. Tas bija *Adam Rišon* (Pirmais cilvēks). Vārds "Ādams" cēlies no teiciena, kas ivritā skan kā *Edame la Eļjon* ('Es būšu kā Augstākais') un pauž Ādama vēlmi līdzināties Radītājam.

Mūsdienās, 21. gadsimta sākumā, evolūcija noslēdzas ceturtajā stadijā — vēlmē līdzināties Radītājam. Tieši tāpēc arvien vairāk un vairāk cilvēku patlaban meklē garīgās atbildes uz saviem jautājumiem.

---

[1] Zemes kā zvaigznes/planētas kodoltermiskais attīstības posms. *(Tulk. piez.)*

Augšup pa kāpnēm

Kabalisti runā par garīgo evolūciju kā par augšupeju pa garīgajām kāpnēm. Tāpēc kabalists Jehuda Ašlags arī nosauca savus komentārus grāmatai *Zoar* par *Peruš a-Sulam* ('Komentāri par izzināšanas kāpnēm'), tā izpelnoties titulu *Bāls Sulams* ('Kāpņu īpašnieks'). Tomēr, pašķirot dažas lappuses atpakaļ, mēs atklāsim, ka "augšup pa kāpnēm" faktiski nozīmē "atpakaļ pie avota", un tas ir tāpēc, ka esam tur jau bijuši, bet tagad mums jātiek skaidrībā, kā tur atgriezties patstāvīgi.

Avots — lūk, mūsu galamērķis, turp arī ved mūsu ceļš. Lai nokļūtu pie tā ātri un droši, nepieciešama milzīga vēlme — *kli*. Tāda milzīga tieksme pēc garīguma var nākt tikai no gaismas, Radītāja, bet, lai tā kļūtu pietiekami stipra, nepieciešams apkārtējo atbalsts.

Nepieciešams sniegt dažus skaidrojumus: kad man gribas gabaliņu tortes, es to iztēlojos — garšu, krāsu, smaržu, kā tā kūst mutē. Jo vairāk es par to domāju, jo vairāk man to gribas. Kabalā mēs to skaidrotu tā — "torte apspīd" mani ar "apkārtējo gaismu".

Tāpēc, lai vēlētos garīgumu, nepieciešams uzņemt tādu apkārtējo gaismu, kas liktu vēlēties garīgās baudas. Jo vairāk tādas gaismas savācam, jo ātrāka virzība. Garīguma alkas sauc "MAN pacelšana", bet šīs darbības tehnika ir analoģiska vēlmes apēst torti pastiprināšanai: iztēlojieties garīgos stāvokļus, runājiet, lasiet, domājiet par tiem, dariet visu iespējamo, lai koncentrētos uz tiem! Tomēr pats spēcīgākais līdzeklis jebkuras vēlmes pastiprināšanai ir apkārtējā sabiedrība. To var izmantot, lai pastiprinātu savu garīgo vēlmi — savu MAN, tādējādi paātrinot virzību.

> Vai ir nozīme, kā sauc gaismu — apkārtējā gaisma vai vienkārši gaisma? Atšķirība nosaukumos "apkārtējā gaisma" un "gaisma" attiecas uz vienas un tās pašas gaismas divām funkcijām. Gaismu, kas neskaitās apkārtējā, izjūtam kā baudu, tajā pašā laikā apkārtējā gaisma veido *kli*, to trauku, kurā kaut kad ieplūdīs gaisma. Tās abas būtībā ir viena un tā pati gaisma, bet, sajūtot tās labojošo un veidojošo iedarbību, mēs saucam to par apkārtējo gaismu, bet, sajūtot to kā tīru baudu, — par gaismu.
> Protams, ka mēs nesaņemsim gaismu, kamēr nesagatavosim *kli*. Taču gaisma vienmēr ir blakus, tā apvij mūsu dvēseli tāpat kā daba, kas vienmēr ir blakus. Tādējādi, ja mums nav *kli*, apkārtējā gaisma to veido, pastiprinot mūsu vēlmi baudīt.

Sīkāk par apkārtējo vidi parunāsim sestajā nodaļā, bet tagad pievērsīsimies tai šādā aspektā: ja visi, kas man ir apkārt, vēlas vienu un to pašu un runā par to, ja viņiem ir tikai viens objekts, pēc kā tiekties, es noteikti gribēšu to pašu.

Otrajā nodaļā minēts, ka *kli*, vēlmes parādīšanās, liek mūsu smadzenēm meklēt veidus, kā piepildīt šo *kli* ar gaismu (*or*) un apmierināt vēlmi. Jo lielāka *kli*, jo vairāk gaismas; jo vairāk gaismas, jo ātrāk var atrast īsto ceļu.

Vispirms mums nepieciešams saprast, kā apkārtējā gaisma veido *kli* un kāpēc to sauc par gaismu. Lai to saprastu, nepieciešams iepazīties ar *rešimot* koncepciju.

Garīgo pasauļu un *Adam Rišon* dvēseles attīstība noritēja noteiktā secībā. Gan pasauļu — *Adam Kadmon, Acilut, Brija, Ecira* un *Asija* —, gan *Adam Rišon* evolūcijas posmu nosaukumos atspoguļota vēlmju tipu rašanās secība — nedzīvā, augu, dzīvnieku, runājošā un garīgā.

Tāpat kā mēs neaizmirstam bērnību un paļaujamies uz pagātnes pieredzi pašreizējā dzīvē, tā arī katrs pabeigtais evolūcijas process nezūd, bet tiek reģistrēts mūsu "garīgajā atmiņā". Citiem vārdiem sakot, mēs glabājam sevī visu savas evolūcijas vēsturi, sākot no tiem laikiem, kad bijām vienoti ar Radīšanas Nodomu, līdz šai dienai. Pacelties pa garīgajām kāpnēm nozīmē atcerēties tos stāvokļus, kuros jau esam atradušies, un "atvērt" šīs atmiņas.

Šīm atmiņām atbilst vārds *rešimot* ('pieraksti'), un katrs *rešimo* (vienskaitlis no *rešimot*) apraksta noteiktu garīgo stāvokli. Tā kā mūsu garīgā evolūcija pakļauta noteiktai kārtībai, arī *rešimot* izpaužas mūsos tādā pašā veidā. Citiem vārdiem sakot, mūsu nākotnes stāvokļi ir jau iepriekš noteikti, jo mēs neko jaunu neveidojam, bet vienkārši atceramies kādreiz notikušo, par ko neko nezinām. Cilvēks spēj izlemt tikai vienu (sīkāk par to nākamajās nodaļās) — cik ātri var virzīties pa kāpnēm. Jo vairāk pūļu ieguldām augšupejā, jo ātrāk notiks šo stāvokļu maiņa un mūsu garīgā attīstība.

Katrs *rešimo* ir pabeigts tad, kad esam to izbaudījuši visā pilnībā; kopumā to var salīdzināt ar ķēdes posmiem — viens *rešimo* beidzas, cits rodas. Katru *rešimo*, kas atveras tagadnē, ir radījis iepriekšējais *rešimo*, jo tagad mēs kāpjam pa kāpnēm, veicot atpakaļceļu, un tagadējais *rešimo* pamodina savu "radītāju". Tāpēc nevajag cerēt, ka pašreizējais stāvoklis beigsies un varēs atvilkt elpu, jo, kad tas noslēgsies, aktivizēsies nākamais, un tā turpināsies, līdz pabeigsim savu labošanos.

Kad tiecamies kļūt par altruistiem (garīgiem cilvēkiem), mēs tuvojamies savam izlabotajam stāvoklim, jo arvien ātrāk atveram *rešimot*. Tā kā šie *rešimot* ir augstāko garīgo pārdzīvojumu apraksti, tad sajūtas, ko tie izraisa, kļūst aizvien garīgākas.

Kad tas notiek, neskaidri sajūtam saikni, vienotību un mīlestību, kas piemīt šim stāvoklim, — kā tālu blāvu gaismu. Jo vairāk tiecamies sasniegt to, jo tuvāka tā kļūst un spilgtāks tās starojums. Turklāt, jo intensīvāka gaisma, jo spēcīgāka mūsu tieksme pēc tās. Tā gaisma veido *kli* — mūsu garīgo vēlmi.

Tātad skaidrs, ka jēdziens "apkārtējā gaisma" lieliski raksturo mūsu sajūtas saistībā ar to. Kamēr neesam to ieguvuši, uztveram gaismu kā ārēju objektu, kas mūs piesaista ar vienreizīgas svētlaimes iegūšanas varbūtību.

Vienmēr, kad gaisma rada pietiekamu *kli*, lai mēs varētu pāriet nākamajā līmenī, atveras nākamais *rešimo* un mūsos rodas jauna vēlme. Mēs nezinām, kāpēc mainās mūsu vēlmes, jo tās vienmēr ir augstāka līmeņa *rešimot* daļas salīdzinājumā ar līmeni, kurā atrodamies, pat ja mums tā nešķiet.

Kā atvērās iepriekšējais *rešimo*, atvedot mūs pašreizējā stāvoklī, tā arī jauna vēlme nāk no jauna *rešimo*. Tāpat turpinās arī mūsu virzība pa kāpnēm. *Rešimot* un augšupvirzības spirāle beidzas pie Radīšanas mērķa — mūsu dvēseles saknes, kur esam vienlīdzīgi ar Radītāju un vienoti ar Viņu.

Tiekšanās pēc garīguma

Kā noskaidrojām iepriekšējā nodaļā, ceturtās stadijas apakšējā daļa ir *Adam Rišon* dvēseles substance. Tāpat kā pasaules tiek veidotas atbilstoši pieaugošajām vēlmēm, arī Ādama (cilvēces) dvēseles evolūcija aptver piecas stadijas: no nedzīvās līdz ceturtajai (garīgajai).

Cilvēce katru stadiju izdzīvo visā pilnībā, kamēr tā sevi izsmeļ visā pilnībā. Pēc tam saistībā ar mūsos ielikto *rešimot* secību parādās nākamā līmeņa vēlmes. Patlaban esam izjutuši visu *rešimot* visas vēlmes —

no "nedzīvajām" līdz "runājošajām". Līdz cilvēces evolūcijas noslēgumam atlicis tikai viens — pārdzīvot visu garīgo vēlmju spektru. Tad arī būs sasniegta mūsu vienotība ar Radītāju.

Kā uzsvēra kabalists Īzaks Lurija (*ARI*), patiesībā ceturtā līmeņa vēlmju aktivizācija aizsākās jau 16. gadsimtā, bet šodien mēs esam liecinieki pašai saspringtākajai piektā līmeņa izpausmei — tieksmei pēc garīga piepildījuma. Turklāt mēs vērojam tās aktivizēšanos gigantiskos apmēros, jo miljoniem cilvēku pasaulē meklē garīgās atbildes uz saviem jautājumiem.

> Cilvēki atšķiras tikai ar baudas veida izvēli. Bauda pati par sevi ir bez formas, nenosakāma. Tā slēpjas zem dažādiem apvalkiem un drānām, un rodas ilūzija, ka ir vairāku veidu baudas, bet patiesībā ir tikai liels skaits dažādu apvalku.
>
> Faktu, ka baudai ir garīga iedaba, izskaidro mūsu neapzinātā tiekšanās mainīt tās ārējo čaulu pret vēlmi sajust šo baudu tīrā un sākotnējā formā — kā Radītāja gaismu.
>
> Tā kā mums zināms, ka cilvēki atšķiras tikai vēlmē pēc dažādiem baudas apvalkiem, mēs tos vērtējam pēc tā, kādiem apvalkiem viņi dod priekšroku. Dažus apvalkus uzskatām par pareiziem, piemēram, mīlestību pret bērniem, bet tādus kā narkotikas — par nepieņemamiem. Kad sajūtam, ka mūsos rodas nepieņemams baudas apvalks, šī iemesla dēļ esam spiesti to slēpt. Taču paslēptā vēlme nekur nezūd un, protams, arī neizlabojas.

Tā kā šodienas *rešimot* ir tuvāki garīgumam nekā pagātnes *rešimot*, galvenie jautājumi, kas rodas mūsdienu cilvēkam, ir par viņa izcelsmi, viņa eksistences sākumu. Lai arī cilvēku vairākumam ir jumts virs galvas un tie pietiekami nopelna, lai nodrošinātu sevi un savu ģimeni, tos nodarbina jautājumi: no kurienes viņi nākuši, kā nodomam tas atbilst un kāds tam mērķis. Kad pasaules reliģiju piedāvātās atbildes viņus neapmierina, viņi meklē tās citos zināšanu avotos.

Ceturtā stadija no visām citām pamatā atšķiras, ka prasa no mums apzinātu attīstību. Iepriekšējās stadijās pāreju uz nākamo evolūcijas posmu nemainīgi noteica daba. Tā izdarīja uz mums pietiekami stipru spiedienu, lai mēs sajustos neērti ierastajā stāvoklī un gribētu to mainīt. Tieši tā daba īsteno visu savu daļu attīstību — cilvēces, dzīvnieku, augu un pat minerālu valstības.

Iedzimtā slinkuma dēļ mēs pārejam no viena stāvokļa citā tikai, kad spiediens kļūst nepanesams. Citādi mēs pat pirkstu nepakustinātu. Loģika vienkārša: man tāpat ir labi, kāpēc kaut kur jāiet?

Tomēr dabai bija cits nodoms. Tā negrib ļaut mums pašapmierinātībā nīkuļot ierastajā stāvoklī, bet vēlas, lai mēs turpinātu attīstīties, līdz sasniegsim tās līmeni — Radītāja līmeni. Tāds ir Radīšanas mērķis.

Tātad mums ir dotas divas iespējas: varam izvēlēties attīstīties dabas (sāpīgā) vai nesāpīgā veidā, personīgi piedaloties savas apziņas attīstībā. Apstāšanās attīstībā nav paredzēta, tas nebija dabas plānos, kad tā mūs radīja.

Ja mūsu garīgais līmenis sāk paaugstināties, tad tikai pateicoties tam, ka to gribam un vēlamies sasniegt Radītāja stāvokli. Tāpat kā ceturtajā stadijā no mums tiek prasīts labprātīgi mainīt savas vēlmes.

Tāpēc daba turpinās mūs ietekmēt. Mēs cietīsim no viesuļvētrām, zemestrīcēm, epidēmijām, terorisma un dažādām stihiskām un tehnogēnām kataklizmām, līdz aptversim, ka ir jāmainās, apzināti jāatgriežas pie savas Saknes.

Atkārtosim: mūsu garīgās saknes evolūcija noritēja no Nulles līdz

Ceturtajai stadijai: Ceturtā stadija iedalās pasaulēs (augšējā daļa) un dvēselēs (apakšējā daļa). Dvēseles — kas veido kopējo *Adam Rišon* dvēseli, — sašķēlās, zaudējot vienotības sajūtu ar Radītāju. Šī Ādama sadalīšanās arī noveda cilvēci pašreizējā stāvoklī, ko sauc "zemāk par barjeru" jeb vienkārši — "mūsu pasaule". Pārvarot barjeru, garīgais spēks izveidoja materiālu daļiņu, kas sāka attīstīties. Tas bija Lielais sprādziens.

Jāatceras: kad kabalisti runā par garīgo pasauli un materiālo, fizisko, viņi ar to domā attiecīgi altruistiskās un egoistiskās īpašības. Viņi nekad ar to nedomā pasaules, kas piepilda kaut kāda neizpētīta Visuma fizisko telpu.

Mēs nevaram iesēsties kosmosa kuģī un doties, piemēram, uz *Ecira* pasauli vai, mainot savu raksturu, iemantot garīgumu. To var panākt, tikai kļūstot par altruistu, līdzīgu Radītājam. Kad varēsim īstenot to, tad atklāsim, ka Radītājs jau ir mūsos, ka Viņš vienmēr tur ir bijis, gaidot mūs.

Visos līmeņos, izņemot pēdējo, evolūcija neparedz personīgā "es" apzināšanos. Kas attiecas uz personību, mūsu eksistences fakts nenozīmē, ka to apzināmies. Līdz ceturtā līmeņa sasniegšanai mēs vienkārši eksistējam. Citādi sakot, vadām savas dienas vispatīkamākajā veidā un uztveram to kā kaut ko pašu par sevi saprotamu, nejautājot, vai tam ir mērķis.

Tomēr, vai tas ir tik acīmredzami? Tā kā pastāv minerāli, augi var saņemt barības vielas un augt; tā kā pastāv augi, dzīvnieki var saņemt barību un augt; tā kā pastāv minerāli, augi un dzīvnieki, cilvēki var saņemt ēdienu un augt. Bet kāds ir cilvēces eksistences mērķis? Mums kalpo visi līmeņi, bet kam vai kuram kalpojam mēs? Vai sev? Savam egoismam? Kad mūs sāk nodarbināt šie jautājumi, aizsākas mūsu apzinātā attīstība, rodas tieksme pēc garīguma, kuru sauc par "punktu sirdī".

Pēdējā evolūcijas posmā sākam saprast procesu, kurā piedalāmies.

Vienkārši sakot, sākam apgūt dabas loģiku. Jo labāk to saprotam, jo vairāk paplašinām savu apziņu un apvienojamies ar to. Un tad, kad šī loģika būs pilnībā apgūta, sapratīsim, kā darbojas daba, un pat iemācīsimies to vadīt. Šis process notiek tikai pēdējā līmenī — garīgās augšupejas līmenī.

Mums uz visiem laikiem jāatceras, ka noslēdzošajam cilvēces attīstības līmenim jāatklājas apzināti un labprātīgi. Bez patiesas vēlmes garīgā izaugsme nav iespējama. Turklāt garīgā attīstība "no augšas uz apakšu" ir jau notikusi. Mēs esam izvadīti cauri četrām gaismas izplatības stadijām piecās pasaulēs — *Adam Kadmon, Acilut, Brija, Ecira* un *Asija* — un pēc tam ievietoti šajā pasaulē.

Ja tagad gribam tikt atpakaļ, pakāpties pa garīgajām kāpnēm, tas apzināti jāizvēlas. Taču atliek vien aizmirst, ka Radīšanas mērķis ir līdzināties Radītājam, un mēs nespēsim saprast, kāpēc daba nepalīdz, bet dažreiz pat liek šķēršļus mūsu ceļā.

Tomēr, ja koncentrēsimies uz dabas mērķi, sajutīsim, ka mūsu dzīve ir aizraujošs ceļojums, kas sola atklājumus, garīgo dārgumu meklējumus. Pat vairāk, jo aktīvāka ir mūsu dalība dzīves ceļojumā, jo ātrāk un vieglāk šie atklājumi tiks veikti. Tad visas likstas uztversim kā jautājumus, uz kuriem nepieciešams rast atbildes, nevis kā smagus pārbaudījumus, ar kuriem saskaramies savā fiziskajā eksistencē. Tieši tāpēc priekšroka dodama apzinātai, ne piespiedu attīstībai, kas notiek, saņemot no dabas sāpīgas dunkas mugurā.

Ja ir garīgās attīstības vēlme, tas nozīmē, ka mums ir tam piemērota *kli*, un nav nekā jaukāka par piepildītas *kli* sajūtu, par vēlmes piepildīšanos.

Tomēr tieksmei pēc garīguma jāizpaužas pirms garīgā piepildījuma. Sagatavot *kli* gaismai — tas ir ne tikai vienīgais līdzeklis, lai paceltos ceturtajā stadijā, bet arī vienīgais, kas var sniegt patiesu baudu.

Faktiski, ja padomā, tad nav nekā dabiskāka par iepriekšēju *kli* sagatavošanu. Ja man gribas padzerties, ūdens — mana gaisma, mana bauda. Protams, lai padzertos, pirms tam jāsagatavo trauks (*kli*), kas šajā gadījumā būs slāpes. To pašu var attiecināt uz visu, ko gribam saņemt šajā pasaulē. Ja mana gaisma ir jauna mašīna, tad mana vēlme to iegūt ir mana *kli*. Šī <u>*kli*</u> liek man strādāt, nopirkt to un pasargā no naudas izšķiešanas citām iegribām.

Garīgais *kli* no materiālā atšķiras tikai ar to, ka nevar pārliecinoši apgalvot, ko tieši var saņemt garīgajā *kli*. Tā kā starp cilvēka stāvokli un viņa slēpto mērķi pastāv barjera, nekad nevar zināt, kāds ir mērķis, līdz tas būs sasniegts. Kad mērķis sasniegts, tas pārspēj visu, ko tikai var sevī iztēloties, bet līdz tam brīdim nav skaidri zināms, cik dižens tas ir.

Secinājumi

Fiziskās pasaules attīstības posmu secība ir tāda pati kā garīgai pasaulei — tā ir vēlmju piramīda. Garīgajā pasaulē vēlmes (nedzīvās, augu, dzīvnieku, runājošās un garīgās) veido pasaules — *Adam Kadmon*, *Acilut*, *Brija*, *Ecira* un *Asija*. Materiālajā pasaulē tās veido minerālus, augus, dzīvniekus, cilvēkus un cilvēkus ar "punktu sirdī".

Materiālā pasaule izveidojās, kad sašķēlās *Adam Rišon* dvēsele. Tad visas vēlmes sāka izpausties cita pēc citas — no vājajām līdz stiprajām, no nedzīvajām līdz garīgajām, veidojot mūsu pasauli — stadiju pēc stadijas.

Patlaban, 21. gadsimta sākumā, visas stadijas ir jau izveidotas, izņemot tiekšanos uz garīgo pasauli, kas izpaužas arvien aktīvāk. Izlabojot šo jauno vēlmi, sasniegsim vienotību ar Radītāju, jo tā būtībā ir šīs vienotības vēlme. Tā pasaules un cilvēces evolūcija sasniedz kulmināciju.

Pastiprinot mūsu vēlmi atgriezties pie garīgajām saknēm, veidojam garīgo *kli*. Apkārtējā gaisma labo un pilnveido šo *kli*. Katra pāreja uz jaunu attīstības līmeni pamodina jaunu rešimo — pierakstu par daudz pilnīgāku stāvokli, kurā jau atradāmies pagātnē. Galu galā apkārtējā gaisma izlabo visu *kli* pilnībā, un Ādama dvēsele atkal savienojas ar visām savām daļiņām un Radītāju.

Taču šis process rada vēlmi jautāt: ja *rešimo* ir manī un ja noteiktie stāvokļi pamostas un noris manī, kur atrodas objektīvā realitāte? Ja cita cilvēka *rešimot* atšķiras no maniem, vai tas nozīmē, ka salīdzinājumā ar mani viņš dzīvo citā pasaulē? Kā ir ar garīgajām pasaulēm? Kur tās atrodas, ja viss eksistē manī? Pat vairāk — kur mīt Radītājs? Lasiet tālāk, nākamajā nodaļā jūs atradīsit atbildes uz visiem šiem jautājumiem.

5. nodaļa

Kā realitāte ir realitāte

> Visas pasaules — augšējās un apakšējās — ir cilvēkā.
>
> *Jehuda Ašlags*

No visām pārsteidzošajām idejām, ko var atklāt kabalā, nav nevienas citas vēl neparedzamākas, vēl iracionālākas un līdz ar to dziļākas un aizraujošākas par realitātes koncepciju. Ja nebūtu Einšteina un kvantu mehānikas, kas izdarīja apvērsumu cilvēku priekšstatos par realitāti, šeit piedāvātās idejas varētu būt atmestas un izsmietas kā nekam nederīgas.

Iepriekšējā nodaļā bija runa par to, ka evolūcija ir iespējama, pateicoties vēlmes saņemt baudu attīstībai no nulles līmeņa līdz ceturtajam. Tomēr, ja mūsu vēlmes ir bijušas pasaules evolūcijas virzītājspēks, vai tās eksistē ārpus mums? Vai apkārtējā pasaule patiesībā nav pasaka, kurai vēlamies noticēt?

Noskaidrojām, ka radījums sākās ar Radīšanas Nodomu, kas radīja četras tiešās gaismas izplatības pamatstadijas. Šajās stadijās iekļautas desmit sfirotas: Keter *(nulles stadija)*, Hohma *(pirmā stadija)*, Bina *(otrā stadija)*, Hesed, Gvura, Tiferet, Necah, Hod *un* Jesod *(tās visas ir trešā stadija Zeir Anpin)* un Malhut *(ceturtā stadija)*.

Zoar — zinātnisks darbs, kuru studē katrs kabalists, — apgalvo, ka visa realitāte sastāv tikai no desmit sfirotām. Viss ir radīts no struktūrām, kas pārstāv šīs desmit sfirotas. Vienīgā atšķirība starp tām: cik dziļi tās iedziļinās mūsu substancē — vēlmē saņemt.

Lai saprastu, ko kabalisti domā ar vārdiem "iedziļinās mūsu substancē", iztēlojieties kādu ķermeni, teiksim, lodi, kas iespiesta plastilīnā vai mīkstā mālā. Lode ataino desmit sfirotu grupu, bet māls — mūs vai mūsu dvēseles. Ja iespiedīsim lodi mālā, tai nekas nenotiks, bet, jo dziļāk lode iespiedīsies mālā, jo vairāk tas mainīsies.

Ar ko var salīdzināt desmit sfirotu savstarpējo saikni ar dvēseli? Vai jums nav gadījies pēkšņi konstatēt, ka ierastajā apkārtnē kaut kas paslīd garām jūsu uzmanībai? Tā ir sajūta, kas rodas, kad desmit sfirotas iedziļinās vēlmē saņemt. Runājot vienkāršāk, ja pēkšņi apzināmies to, ko nesajutām iepriekš, tas nozīmē, ka desmit sfirotas iedziļinājās mūsos dziļāk.

Vēlmi saņemt kabalisti sauc par avijut, *kas burtiski nozīmē 'biezums', nevis — 'vēlme'. Viņi izmanto šo terminu tāpēc, ka, jo augstāka vēlme saņemt, jo vairāk slāņu tai pievienojas.*

Kā jau minēts, vēlmei saņemt jeb avijut *ir piecas pamatstadijas — 0., 1., 2., 3. un 4. Atkarībā no desmit sfirotu iedziļināšanās* avijut *līmeņos (slāņos), tie veido dažnedažādas vēlmes saņemt vai vēlmes dot kombinācijas vai savienojumus. Tie veido visu, kas pastāv: garīgās pasaules, materiālās pasaules un to, kas tajās atrodas.*

Mūsu stāvokļu (vēlmes saņemt) variācijas veido uztveres veidus, tos sauc par kelim *(daudzskaitlis no* kli*). Citiem vārdiem sakot, katra forma, katra krāsa, katra smarža, jebkura doma — viss, kas eksistē, — ir šeit, jo manī ir atbilstoša* kli, *kas spēj to uztvert.*

Tāpat kā mūsu smadzenes izmanto alfabēta burtus, lai izpētītu visu, ko piedāvā šī pasaule, mūsu kelim *izmanto desmit sfirotas, lai izpētītu visu, ko piedāvā garīgās pasaules. Tāpat kā mēs, pētot šo pasauli, ievērojam zināmus noteikumus un ierobežojumus, arī, pētot garīgās pasaules, nepieciešams zināt noteikumus, kas nosaka to veidošanos.*

Pētot kaut ko materiālajā pasaulē, ņemam vērā zināmus noteikumus.

Piemēram, kaut kā patiesumu nepieciešams apstiprināt ar atkārtotiem eksperimentiem. Ja pārbaude parāda, ka viss darbojas, pieļāvumi ir patiesi tik ilgi, līdz kāds pierādīs (praksē, ne vārdos), ka pieļauta kļūda. Bez eksperimentālām pārbaudēm pieņēmums ir tikai hipotēze.

Ierobežojumi pastāv arī attiecībā uz garīgajām pasaulēm, precīzāk — to ir trīs. Ja gribam sasniegt Radīšanas mērķi un kļūt līdzīgi Radītājam, ierobežojumi ir jāņem vērā.

Trīs ierobežojumi kabalas apguvē

Pirmais ierobežojums — ko mēs uztveram

Kabalists Jehuda Ašlags priekšvārdā grāmatai *Zoar* raksta, ka ir "četru kategoriju uztvere — matērijas, matērijas formas, abstraktās formas un būtības". Kad pētām garīgo dabu, mūsu uzdevums ir noteikt, kura no šīm kategorijām nodrošina mūs ar drošu un ticamu informāciju, kura ne.

Zoar izskaidro tikai pirmās divas. Citiem vārdiem sakot, katrs atsevišķs grāmatas vārds uzrakstīts vai nu no matērijas, vai matērijas formas pozīcijām, un tajā neviens vārds nav skaidrots pēc abstraktās formas vai būtības.

Otrs ierobežojums — kur mēs uztveram

Kā minēts iepriekš, pasauļu garīgo substanci sauc par "*Adam Rišon* dvēseli". Tā tika radītas garīgās pasaules. Taču šo pasauļu radīšana jau ir notikusi, un mēs atrodamies augšup vedošā ceļā uz daudz augstākiem līmeņiem, kaut arī brīžiem liekas, ka tā nav.

Mūsu stāvoklī Ādama dvēsele jau ir sašķēlusies sīkās daļās. *Zoar* māca, ka lielākā daļa lausku (99 procenti, ja precīzi) ir izkaisītas pa *Brija*, *Ecira* un *Asija* (*BEA*) pasaulēm un tikai viens procents pacēlies līdz *Acilut* pasaulei.

Tā kā Ādama dvēsele ietilpst *BEA* pasauļu sistēmā un ir izkaisīta pa tām un mēs visi esam šīs dvēseles daļiņas, ir pilnīgi skaidrs, ka spējam uztvert tikai daļu no šīm pasaulēm. Viss, ko uzskatām par atnākušu no augstākām pasaulēm nekā *BEA*, tādām kā *Acilut* un *Adam Kadmon*, ir nepatiess, lai arī ko mēs domātu. Mūsu uztverei ir pieejami tikai atspulgi, kas nākuši no *Acilut* un *Adam Kadmon* pasaulēm, izmantojot *BEA* pasauļu filtrus.

Mūsu pasaule atrodas pašā zemākajā *BEA* pasauļu līmenī. Faktiski šis līmenis pēc savas dabas ir diametrāli pretējs pārējām garīgajām pasaulēm, tāpēc tās arī nejūtam. Te vietā līdzība par diviem cilvēkiem, kas, pagriezuši viens otram muguru, dodas pretējos virzienos. Vai ir iespējams, ka viņi jebkad satiksies?

Tomēr atliek mums laboties un atklājam, ka jau dzīvojam *BEA* pasaulēs. Beigu beigās mēs noteikti kopā pacelsimies uz *Acilut* un *Adam Kadmon* pasaulēm.

Trešais ierobežojums — kas uztver

Lai gan *Zoar* detalizēti apraksta katras pasaules struktūru un tajās notiekošo gluži kā vietas fiziskajā pasaulē, patiesībā runa ir tikai par dvēseļu pārdzīvojumiem. Citiem vārdiem sakot, grāmata vēsta, kā kabalisti uztver tādu vai citādu parādību un ka arī mēs tās varam izjust. Tāpēc, lasot grāmatā *Zoar* par notikumiem, kas notiek *BEA* pasaulēs, patiesībā uzzināsim, kā rabbi Šimons Bar-Johajs (grāmatas *Zoar* autors) uztvēris garīgos stāvokļus un kā to aprakstījis viņa skolnieks rabbi Abba.

Kad kabalisti raksta par pasaulēm, kas atrodas augstāk par *BEA*, būtībā viņi neraksta par pašām pasaulēm, bet par to, kā <u>ievērojamie kabalas autori</u> uztvēruši šīs pasaules, atrodoties *BEA* pasaulēs. Tā kā kabalisti vēsta par saviem personīgajiem pārdzīvojumiem, aprakstos ir gan atšķirības, gan līdzības. Kaut kas no viņu izklāstītā attiecas uz kopējo pasauļu struktūru, piemēram, sfirotu un pasauļu nosaukumi. Pārējais skar personīgo pieredzi, ko autori guvuši šajās pasaulēs.

Piemēram, ja es dalīšos iespaidos ar draugu par braucienu uz Ņujorku, tad varu pastāstīt par Taimskvēru vai milzīgajiem tiltiem, kas savieno Manhetenu ar kontinentu, un varu viņam pastāstīt arī, kādu saviļņojumu izjutu, vadot mašīnu pa vareno Bruklinas tiltu, un ko izjutu, stāvot Taimskvēra vidū, gaismu, krāsu un skaņu apžilbināts un apmulsis.

Piemēri atšķiras ar to, ka abos pēdējos es pastāstu personīgos pārdzīvojumus, bet pirmajā runāju par iespaidiem, kurus saņems katrs, kas viesosies Manhetenā, kaut arī ikviens gūto pieredzi pārdzīvos atšķirīgi.

> Noteikti ir jāatceras, ka *Zoar* nevar uztvert kā vēstījumu par mistiskiem notikumiem vai kā pasaku izlasi. *Zoar,* tāpat kā citas kabalas grāmatas, jāizmanto mācībām. Tas nozīmē, ka grāmata palīdzēs tikai tādā gadījumā, ja arī jūs gribēsit izjust to, kas tajā ir aprakstīts. Citādi tā neko jums nedos un jūs to nesapratīsit.
>
> **Iegaumējiet:** pareiza kabalas tekstu izpratne ir atkarīga no jūsu nodoma lasīšanas laikā, no cēloņa, kādēļ to atvērāt, bet ne no jūsu intelekta spējām. Saturs uz jums iedarbosies tikai tad, ja vēlaties mainīt savas īpašības uz altruistiskām, kas aprakstītas tekstā.

Pieminot pirmo ierobežojumu, teikts, ka *Zoar* sniedz informāciju no matērijas un matērijas formas pozīcijām. Matērija — tā ir vēlme saņemt, bet matērijas forma ir nodoms, kālab vēlme īstenojas (manā vai cita labā). Vienkārši sakot: matērija = vēlme saņemt; forma = nodoms.

Došanas formu atspoguļo *Acilut* pasaules struktūra. Došana savā abstraktajā formā ir Radītāja īpašība, un tai nav nekāda sakara ar radījumu, kas pēc dabas ir egoistisks. Tomēr radījums (cilvēki) <u>var</u> savu saņemšanas vēlmi pārvērst atdeves <u>formā</u>, lai panāktu līdzību vēlmes formai. Citiem vārdiem, mēs varam saņemt un, tā rīkojoties, kļūt došoi.

Ir divi iemesli, kāpēc nevaram vienkārši dot.
1. Lai dotu, jābūt kādam, kas grib saņemt. Taču bez mums eksistē tikai Radītājs, kuram nav vajadzības kaut ko saņemt, jo Viņa daba ir došana. Līdz ar to došana nav mūsu iespējamā izvēle.
2. Mums nav pat mazākās vēlmes dot. Mēs nevaram dot, jo esam radīti no vēlmes saņemt; saņemšana — tā ir mūsu būtība, mūsu matērija.

Pēdējais arguments ir sarežģītāks nekā pirmajā acumirklī šķiet. Kad kabalisti raksta, ka mēs gribam tikai saņemt, viņi ar to nebūt nedomā, ka tikai mākam saņemt, viņi uzsver to, ka tāds ir visu mūsu darbību slēptais motīvs. Viss formulēts ļoti skaidri: ja tas nesniegs baudu, nevarēsim to paveikt. Nav runa par to, ka mēs negribēsim paveikt, bet par to, ka nemaz to nespēsim. Radītājs (daba) radīja mūs, apveltot tikai ar vienu vēlmi — saņemt, bet viss, ko Viņš vēlas, — ir dot. Līdz ar to mums nevajag mainīt savas darbības, jāmaina tikai aiz tām slēptā motivācija.

Realitātes uztvere

Ir daudz terminu izpratnes raksturošanai. Pašu dziļāko tās līmeni kabalisti sauc par "izzināšanu". Tā kā viņi pēta garīgās pasaules, viņu mērķis ir "garīgā izzināšana". Izzināšana ir tik dziļa un visaptveroša izpratne par uztveramo, ka jautājumu vairs nav. Kabalisti raksta, ka cilvēces evolūcijas noslēgumā mēs visi sasniegsim Radītāja stāvokli, ko sauc par "formu līdzību".

Lai mērķi sasniegtu, kabalisti ļoti precīzi centās noteikt, kādi realitātes aspekti būtu jāpēta un kādi ne. Tāpēc viņi ievēroja vienkāršu principu: ja kaut kas sekmē iegūt zināšanas ātri un droši, tas jāizpēta, ja ne, jāatstāj bez ievērības.

Kabalisti vispār un *Zoar* tai skaitā pārliecina mūs mācīties tikai to, ko var uztvert kā absolūti drošu un ticamu. Mums nav jātērē laiks pieņēmumiem un minējumiem, jo tad mūsu panākumi nebūs pārliecinoši.

Tāpat kabalisti uzsver, ka no četrām uztveres kategorijām — matērijas, matērijas formas, abstraktās formas un būtības — varam ar pārliecību uztvert tikai pirmās divas. Tāpēc viss, par ko vēstī *Zoar*, ir vēlmes (matērija) un tas, kā tās izmantojam: sevis vai Radītāja (matērijas forma) labā.

Kabalists Jehuda Ašlags rakstīja: "Ja lasītājs nezina, kā saprātīgi izturēties pret ierobežojumiem, un visu uztver atrauti no konteksta, viņā nenovēršami radīsies apjukums." Tā var notikt, ja nenorobežosim matērijas un matērijas formu pētījumus.

Jāsaprot, ka garīgajā nav "aizliegumu". Ja kabalisti kaut ko sauc par "aizliegtu", tiek domāts, ka tas ir neiespējami. Kad viņi paziņo, ka nevajag pētīt abstrakto formu un būtību, no tā neizriet, ka zibens saspers visus, kas to darīs, bet tas nozīmē, ka mēs nespējam tās izpētīt, pat ja ļoti gribam.

Jehuda Ašlags neizzināmības būtību izskaidro ar piemēru par elektrību. Viņš atzīmē, ka to var izmantot dažādiem mērķiem: ārstēšanai, atvēsināšanai, mūzikas skaņdarbu atskaņošanai, filmu skatīšanai. Elektrības lietojums var iemiesoties daudzās formās, bet vai spējam izteikt tās būtību?

Lūk, cits piemērs, lai izskaidrotu četru kategoriju jēdzienus — matērija, matērijas forma, abstraktā forma un būtība. Nosaucot kādu cilvēku par stipru, patiesībā domājam par viņa matēriju — ķermeni — un formu, kas apņem viņa miesu, — spēku.

Ja atdalīsim spēka formu no matērijas (cilvēka ķermeņa) un pētīsim tās atsevišķi, tas arī būs abstraktās spēka formas pētījums. Ceturtā kategorija — paša cilvēka būtība — ir absolūti neizzināma. Mums vienkārši nav tādu sajūtu orgānu, ar kuriem varētu izpētīt būtību un attēlot to uztverei pieejamā veidā. No tā izriet, ka būtība ir ne tikai kaut kas nenoteikts šobrīd, bet to izzināt mums neizdosies <u>nekad</u>.

Maldu lamatas

Kāpēc ir tik svarīgi koncentrēties tikai uz pirmajām divām kategorijām? Problēma ir šāda: kad ir darīšana ar garīgumu, nekad nevar zināt, kad sāksies maldi. Turpinot virzīties nepareizi izvēlētā virzienā, var ļoti attālināties no patiesības.

Materiālajā pasaulē, ja es zinu, ko gribu, varu pārbaudīt vai vismaz noteikt, vai man izdosies saņemt vēlamo un vai es dodos pareizajā virzienā. Ar garīgumu ir citādi. Te, ja kļūdīsies, zaudēsi ne tikai vēlamo, bet arī sasniegto garīgo līmeni: gaisma nodzisīs, un bez skolotāja palīdzības cilvēks nespēs pareizi noteikt jaunu virzienu. Lūk, kāpēc ir tik svarīgi izprast trīs ierobežojumus un ievērot norādījumus.

Neeksistējošā realitāte

Tagad, kad saprotam, ko var izpētīt un ko nevar, tiksim skaidrībā, ko patiesībā pētām ar savu sajūtu starpniecību. Par kabalistiem var teikt, ka viņi pēta visu līdz pat sīkākai detaļai. Jehuda Ašlags, kas sīki izpētīja realitāti un tāpēc spēja mums par to pastāstīt, rakstīja: "Mēs nezinām, **kas** eksistē ārpus mums. Piemēram, mums nav priekšstata par to, kas atrodas ārpus mūsu auss, liekot bungādiņai reaģēt. Mums zināma tikai mūsu personīgā reakcija uz ārēju stimulu."

Pat nosaukumi, kurus dodam parādībām, nav saistīti ar pašām parādībām, bet mūsu reakciju uz tām. Visdrīzāk, mums nav zināms daudz kas no tā, kas notiek pasaulē. Un tas var nemanot paslīdēt garām mūsu sajūtām, jo reaģējam tikai uz tām parādībām, kuras uztveram. Acīmredzot tieši šī iemesla dēļ arī nevaram uztvert būtību tam, kas atrodas ārpus mums, bet mums ir dota iespēja to izpētīt tikai personīgās reakcijās.

Šis uztveres priekšnoteikums izmantojams ne tikai attiecībā uz garīgajām pasaulēm — tāds ir vispārējais dabas likums. Šāda attieksme pret realitāti ļauj mums apzināties: patiesībā neredzam to, kas realitātē eksistē. Tādai izpratnei ir pirmšķirīga nozīme garīgās attīstības gaitā.

Izpētot savu realitāti, sākam atklāt to, ko iepriekš neapzinājāmies. Mēs skaidrojam mūsos notiekošo tā, it kā viss notiktu ārpus mums. Mums nav zināms īstais avots notikumiem, kurus pārdzīvojam, bet mēs <u>jūtam</u>, ka tie notiek ārējā pasaulē. Un mums nekad to neuzzināt.

Lai nodibinātu pareizas attiecības ar realitāti, mums nav jādomā, ka tas, ko uztveram, ataino "reālo" bildi. Mēs uztveram tikai to, kā notikumi (formas) ietekmē mūsu uztveri (mūsu matēriju). Pat vairāk, tas, ko mēs uztveram, nepastāv ārpus notiekošā objektīvās ainas, bet ir mūsu reakcija uz to. Mēs pat nespējam pateikt, vai mūsos uztveramās formas ir saistītas (ja ir, tad kādā pakāpē) ar abstraktajām formām, ar kurām mums tās asociējas. Citiem vārdiem sakot, tas fakts, ka sarkanu ābolu redzam sarkanu, vēl nenozīmē, ka tas patiešām ir sarkans.

Patiešām, ja pajautāsit fiziķiem, viņi jums atbildēs, ka vienīgais apgalvojums, ko jūs varat teikt par sarkanu ābolu, — ka tas <u>nav</u> sarkans. Atcerieties, kā darbojas *masah* (ekrāns): tas saņem to, ko ir spējīgs pieņemt, lai pēc tam atdotu Radītājam, bet pārējo noraida.

Līdzīgi tam objekta krāsu nosaka gaismas viļņi, kurus apgaismotais objekts <u>nevar</u> uzņemt sevī. Mēs redzam nevis paša objekta krāsu, bet tā <u>atstaroto</u> gaismu. Patiesā objekta krāsa ir tā pieņemtā gaisma, bet, tā kā šī gaisma ir pieņemta, to nevar uztvert ar mūsu redzi, un tāpēc mēs to nevaram ieraudzīt. Tieši tāpēc sarkanais ābols var būt jebkurā krāsā, izņemot sarkano.

Lūk, kā Jehuda Ašlags grāmatas *Zoar* priekšvārdā apraksta mūsos neesošo būtību uztveri: "Ir zināms, ka nespējam radīt priekšstatu par to, ko nespējam sajust, bet nespējam iztēloties to, ko nespējam izprast... Tātad domāšana nemaz neuztver būtību."

Un, tā kā mēs nespējam izprast būtību, nevienu būtību, tad arī nevaram tās uztvert. Tāpēc, pirmo reizi saskaroties ar Bāla Sulama "Priekšvārdu", lielākā daļa studējošo ir pārsteigti, cik maz mēs patiesībā zinām par sevi. Lūk, ko par to raksta Bāls Sulams: "Nemaz neņemot vērā to visu, mēs pat neizprotam savu personīgo būtību. Es jūtu un zinu, ka aizņemu noteiktu pasaules telpu, ka mans ķermenis ir blīvs, silts, tāpat es domāju un man ir zināmas arī citas līdzīgas manas būtības funkcionēšanas izpausmes. Bet, ja jūs jautāsit man, kāda ir mana būtība..., es nezināšu, ko jums atbildēt."

Mēraparāts

Aplūkosim mūsu uztveres jautājumu no cita skatpunkta, daudz tehniskāka. Sajūtas ir mērinstruments. Tās izmēra visu, ko uztver. Dzirdot skaņu, mēs nosakām, vai tā ir skaļa vai klusa. Redzot objektu, (parasti) varam noteikt, kāda ir tā krāsa. Pieskaroties priekšmetam, acumirklī sajūtam, vai tas ir silts vai auksts, mitrs vai sauss.

Visi mērinstrumenti darbojas vienādi. Iztēlojieties svarus un vienu kilogramu smagu priekšmetu uz tiem. Parastiem svariem ir atspere, kas izstiepjas atkarībā no priekšmeta svara, un skala, kas rāda tās spriegumu. Kad atspere izstiepusies, cipari uz skalas it kā norāda priekšmeta svaru. Patiesībā mēs nemērām priekšmeta svaru, bet atsperes un priekšmeta līdzsvaru (6. attēls).

Lūk, kāpēc kabalists Jehuda Ašlags apgalvo, ka nespējam uztvert abstraktu formu, jo nekādi neesam ar to saistīti. Ja uzkabinām objektu uz atsperes, lai izmērītu ārējo iedarbību, iegūstam kaut kādu rezultātu.

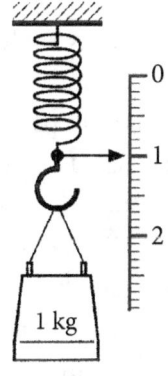

6. attēls

Skala rāda atsperes spriegumu, nevis objekta svaru.

Ja nevaram izmērīt ārējā pasaulē notiekošo, tad it kā nekas nenotiek. Pat vairāk, ja, izmērot ārējo iedarbību, izmantosim atsperi ar defektu, iegūsim neprecīzu mērījumu. Un tieši tā arī notiek, kad kļūstam vecāki un mūsu sajūtas notrulinās.

Runājot garīgajā valodā, ārējā pasaule piegādā mums abstraktas formas, tādas kā svars. Izmantojot atsperi un skalu — vēlmi saņemt un nodomu dot —, mēs nosakām, kādā daudzumā varam pieņemt noteikto abstrakto formu. Ja mēs mācētu radīt ierīci Radītāja "mērīšanai", varētu Viņu sajust, tāpat kā sajūtam šo pasauli. Nu ko, tāda ierīce ir, un to sauc "sestā sajūta".

Sestā sajūta

Sākot jaunu sadaļu, mazliet pafantazēsim: mēs atrodamies tumšā telpā pilnīgā vakuumā. Nekas nav redzams, nav dzirdama ne skaņa, nav smaržas, nav garšas, nav kam pieskarties. Tagad iedomājieties, ka esat pavadījis šādos apstākļos tik ilgu laiku, ka esat aizmirsis, ka jums tādas sajūtas vispār ir bijušas. Galu galā jūs aizmirstat par to eksistenci.

Pēkšņi uzvēdī maiga smarža. Tā pastiprinās, ieskaujot jūs, bet jūs nespējat noteikt, no kurienes tā nāk. Pēc tam parādās dažādi aromāti — stiprāki un vājāki, saldāki un šķērmāki. Orientējoties pēc tiem, tagad varat noteikt savu vietu pasaulē. Dažādas smaržas nāk no dažādām vietām, un, sekojot tām, jūs varat sākt savu ceļu.

Pēc tam pēkšņi no visām pusēm jūs apņem skaņas. Tās ir dažādas: dažas līdzīgas mūzikai, dažas — runai, trešās — vienkārši troksnis. Skaņas dod jums papildu orientierus telpā.

Tās paver jums iespēju izmērīt attālumus, virzienus, jūs varat uzminēt uztverto smaržu un skaņu avotus. Vieta, kurā atrodaties, vairs nav vienkārši telpa, tā ir vesela skaņu un smaržu pasaule.

Pēc kāda laika seko jaunas sajūtas: kaut kas jums pieskaras. Drīz jūs atklājat objektus, kurus varat sataustīt. Vieni no tiem ir auksti, citi — silti, daži — sausi, daži — mitri. Citi — cieti, citi — mīksti, bet par dažiem nespējat pateikt, kādi tie ir. Jūs atklājat, ka dažus no objektiem, kuriem pieskaraties, var ielikt mutē, un tad izrādās, ka tiem ir atšķirīga garša.

Tagad jau dzīvojat pasaulē, kas bagāta ar skaņām, smaržām, taustes sajūtām un garšām. Jūs varat pieskarties objektiem savā pasaulē, varat izpētīt savu apkārtni.

Tāda ir aklo pasaule kopš dzimšanas. Ja jūs būtu viņu vietā, vai izjustu vajadzību pēc redzes? Vai zinātu, ka jums tās nav? Nekad. Tā notiktu, ja jūs būtu bijis redzīgs un pēc tam redzi zaudējis.

Tas pats sakāms par sesto sajūtu. Mēs neatceramies, ka kādreiz tā mums piemitusi, lai gan līdz *Adam Rišon* sašķelšanās brīdim, kura daļiņas esam, tā piemita ikvienam.

Sestā sajūta lielākoties darbojas tāpat kā pieci fiziskie maņu orgāni, tikai — tā nerodas pati no sevis, to nepieciešams attīstīt. Būtībā nosaukums "sestā sajūta" nedaudz maldina, jo patiesībā attīstām nevis vēl vienu sajūtu, bet <u>nodomu</u>.

Attīstot šo nodomu, izpētām Radītāja formas, došanas formas, kas ir pretējas mūsu iedzimtajam egoistiskajam veidolam. Lūk, kāpēc sestā sajūta nav dabas dota — tā ir pretēja mums.

Veidojot katras vēlmes nodomu, sajūtam to, un tā liek mums apzināties, kas esam, kas ir Radītājs, vēlamies vai nevēlamies būt Viņam līdzīgi. Reālu izvēli var izdarīt tikai tad, ja mums tiek dotas divas iespējas. Tāpēc Radītājs neuzspiež mums kļūt Viņam līdzīgiem — altruistiem, bet parāda mums, kas mēs esam un kas ir Viņš, tādējādi paverot mums iespēju brīvai izvēlei. Izvēloties kļūstam tādi, kāds ir mūsu nodoms attiecībā uz sevi: līdzināties Radītājam vai ne.

Kāpēc tad nodomu dot saucam par "sesto sajūtu"? Tāpēc ka — ja mums ir tāds pats nodoms kā Radītājam, mēs kļūstam līdzīgi Viņam. Tas nozīmē, ka mums ir ne tikai vienāds nodoms, bet arī, attīstot formu, vienādu ar Viņa formu, mēs redzam un uztveram to, ko citā gadījumā, izdarot citu izvēli, nevarētu, jo mums nebūtu šīs spējas uztvert. Mēs tiešā nozīmē sākam visu saskatīt Viņa acīm.

Ja ir ceļš, tad ir tā vadītājs!

Atgriežoties pie pirmās sadaļas, atcerēsimies, ka tajā runājām par to, ka *kli* (trauks, līdzeklis) un *or* (gaisma) koncepcija neapšaubāmi ir svarīgākie pamatpostulāti kabalas zinātnē. Patiesībā no jēdzieniem *kli* un *or* pirmais ir svarīgāks, pat ja otrā iegūšana ir reālais mērķis.

Paskaidrosim ar piemēru. Filmā "Ko mēs zinām par pasauli?" doktore Kendeisa Perta skaidro: ja noteikta forma manī sākotnēji nepastāv, es nespēšu to pamanīt ārpus sevis. Piemēram viņa min stāstu par indiāņiem, kuri stāvēja krastā un skatījās uz Kolumba kuģiem, kas tuvojās.

Doktore Perta skaidro, ka indiāņi nevarēja redzēt kuģus, pat ja skatījās tieši uz tiem, jo viņu apziņā nebija tāda modeļa. Tikai šamanis, kurš bija pārsteigts par it kā no nekurienes uzradušos viļņu ņirbu uz ūdens, atklāja kuģus, cenzdamies iztēloties, kas viļņošanos izraisījis. Kuģus viņš aprakstīja ciltsbrāļiem, un tad arī viņi spēja ieraudzīt to pašu, ko viņš.

> Ja mežā krīt koks un nav neviena, kas to dzirdētu, vai tas rada skaņu? Šo slaveno dzenbudistu koanu (īpašu mīklu) var pārfrāzēt kabalas valodā: ja nav *kli*, kas atpazīst krītoša koka skaņu, kā varam zināt, ka tas krītot vispār radīja kaut kādu skaņu? Līdzīgi ar koana vārdiem var teikt par Kolumba atklājumu: "Vai Amerika eksistēja, pirms Kolumbs to atklāja?"

Runājot kabalas valodā, lai atpazītu ārēju objektu, jābūt iekšējai *kli*. Būtībā *kelim* (daudzskaitlis no *kli*) nevis vienkārši atpazīst ārējo realitāti — tās veido to! Tādējādi indiāņu apziņā, kuri ieraudzīja un aprakstīja Kolumba floti, tā eksistēja tikai apziņā — iekšējās *kelim*.

Nav nekā, ko var nosaukt par ārējo pasauli. Ir vēlmes — *kelim*, kas rada ārējo pasauli atbilstoši savām individuālajām formām. Ārpus mums eksistē tikai abstrakta forma — netverams un neizzināms Radītājs. Mēs veidojam savu pasauli, būvējot savus individuālos uztveres instrumentus — mūsu *kelim*.

Tāpēc mums nepalīdzēs lūgšanas, lai Radītājs atpestī mūs no visām nelaimēm vai dara apkārtējo pasauli labāku. Pasaule nav ne laba, ne slikta — tā ir mūsu personīgo *kelim* stāvokļu atspoguļojums. Kad mēs *kelim* izlabosim un padarīsim brīnišķīgas, tad arī pasaule kļūs brīnišķīga.

Tas ir tāpat kā pūcei nakts tumšā mežā — viņai nakts ir labākās redzamības laiks. Toties mūs tumsa biedē. Mūsu realitāte ir tikai mūsu iekšējo *kelim* projekcija. Tas, ko saucam par "reālo pasauli", ir tikai mūsu iekšējās labošanās vai samaitātības atspoguļojums. Mēs dzīvojam iztēles pasaulē.

Ja vēlamies pacelties pāri šai iztēlotajai pasaulei līdz reālajai pasaulei, līdz patiesai uztverei, tad mums jāpārtaisa sevi atbilstoši patiesajiem modeļiem. Tad itin drīz viss, ko uztvērām, atbildīs mūsu iekšējai organizācijai, iekšējiem šo modeļu izveides paņēmieniem. Ārpus mums nav nekā, ko varētu atklāt, nekā, ko varētu konstatēt, izņemot abstrakto Augstāko gaismu, kas iedarbojas uz mums un atklāj mūsos jaunus tēlus atbilstoši mūsu gatavībai.

Tagad atliek vien noskaidrot, kur sameklēt izlabotas *kelim*. Vai tās eksistē mūsos, vai mums tās jāveido? Ja mums tās jāveido, tad kā to izdarīt? Tā arī būs nākamo nodaļu tēma.

Radīšanas Nodoms

Kelim — dvēseles celtniecības bloki. Vēlmes — celtniecības materiāli, ķieģeļi un koksne. Nodomi — mūsu instrumenti, skrūvgrieži, urbji un āmuri.

Pirms mājas celtniecības nepieciešams iepazīties ar rasējumiem. Diemžēl Radītājs, Viņš arī Arhitekts, nav noskaņots mums tos dot. Viņš piedāvā patstāvīgi izpētīt un īstenot mūsu dvēseļu celtniecības ģenerālplānu. Tikai tā varēsim kaut kad pa īstam izprast Viņa Nodomu un kļūt Viņam līdzīgi.

Lai uzzinātu, kas Viņš ir, uzmanīgi jāvēro tas, ko Viņš dara, un jāmācās atpazīt Viņa domas pēc Viņa darbiem. Kabalisti to formulē ļoti izteiksmīgi: "Pēc Taviem darbiem mēs atpazīstam Tevi."

Mūsu vēlmes — dvēseles materiāls — jau eksistē. Tās mums devis Radītājs, un mums vienkārši jāiemācās pareizi tās izmantot un saistīt ar pareiziem nodomiem. Tad mūsu dvēseles būs izlabotas.

Tomēr, kā minēts iepriekš, pareizi nodomi — altruistiski nodomi. Citiem vārdiem sakot, jāgrib savas vēlmes izmantot par labu citiem, nevis mums pašiem. Tā rīkojoties, dzīvojam pa īstam. Īsumā atkārtosim jau minēto! Izlabota *kli* ir vēlme, kas izmantota ar altruistisku nodomu. Un otrādi — neizlabota *kli* ir vēlme, kas izmantota ar egoistisku nodomu. Izmantojot *kli* altruistiski, lietojam vēlmi tāpat, kā to dara Radītājs, un tādējādi kļūstam tādi paši kā Viņš, vismaz konkrētās vēlmes kontekstā. Tā mēs izpētām Viņa Nodomu.

Tātad vienīgā problēma ir mainīt nodomu, ar kuru izmantojam savas vēlmes. Tomēr, lai tas notiktu, mums jāredz vismaz vēl viens tā izmantošanas veids. Mums nepieciešams piemērs tam, kam līdzinās citi nodomi vai kādas izjūtas tie rada. Tad mums vismaz būs iespēja izlemt, vai tie mūs apmierina vai ne. Ja neredzam nekādu citu veidu savu vēlmju izmantošanai, nokļūstam to vēlmju slazdā, kas mums jau ir. Vai var tādā stāvoklī atrast citus nodomus? Kas tas ir — lamatas? Vai arī esam kaut ko palaiduši garām?

Kabalisti skaidro, ka neesam neko palaiduši garām. Tās ir lamatas, bet ne nāvīgas. Ja sekosim savu *rešimot* ceļiem, cita nodoma piemērs parādīsies pats no sevis. Tagad aplūkosim, kas ir *rešimot* un kā tie izved mūs no lamatām.

Rešimot: atpakaļ nākotnē

Rešimot ir atmiņas, iepriekšējo stāvokļu pieraksti. Katrs *rešimo* (*rešimot* vienskaitlī), ko pārdzīvo dvēsele savā garīgajā ceļā, glabājas īpašā "datu bāzē".

Kad sākam virzīties augšup pa garīgajām kāpnēm, šie *rešimot* veido mūsu ceļu. Tie atveras cits aiz cita, un mēs tos pārdzīvojam no jauna. Jo ātrāk vēlreiz pārdzīvosim katru *rešimo*, jo ātrāk izsmelsim to un pāriesim pie nākamā, kas vienmēr atrodas uz augstāka pakāpiena.

Rešimot secību nevar mainīt. Tā jau ir noteikta lejupvirzības laikā. Tomēr mēs varam un mums ir jāpieņem lēmums, ko darīsim ar katru no tiem. Ja izturamies pasīvi un vienkārši nogaidām, kad tie beigsies, paies ilgs laiks, līdz tiem visiem iziesim cauri. Turklāt šis process var izrādīties visnotaļ sāpīgs. Tāpēc pasīvo pieeju sauc par "ciešanu ceļu".

Mēs varam arī izvēlēties aktīvo pieeju, cenšoties uztvert katru *rešimo* kā "vēl vienu skolā pavadītu dienu", pūloties saprast, ko Radītājs cenšas mums iemācīt. Ja vienkārši atceramies, ka mūsu pasaule ir garīgo parādību rezultāts, ar to pietiks, lai neticami paātrinātu *rešimot* maiņu. Šo aktīvo pieeju sauc par "gaismas ceļu", jo pieliktās pūles nodrošina mums kontaktu ar Radītāju, ar gaismu, nevis piesaista pašreizējam stāvoklim, kā tas ir pasīvās uzvedības gadījumā.

Mūsu pūlēm patiesībā nav noteikti jābūt veiksmīgām — pietiek ar pašām pūlēm. Pastiprinot savas vēlmes kļūt līdzīgiem Radītājam (altruistiem), pieslēdzamies daudz augstākiem garīgajiem stāvokļiem.

Garīgās virzības process ir ļoti tuvs bērnu apmācībai: arī tā pamatā ir atdarināšana. Vērojot pieaugušos, bērni, pat nezinot, ko patiesībā dara, pastāvīgi viņus atdarinot, rada sevī <u>vēlmi</u> mācīties. Piebilde: sākumā viņi neuzskata, ka apmācība veicina viņu izaugsmi, — viņi vienkārši <u>grib zināt</u>. Ar vēlmi zināt pietiek, lai viņos atraisītu nākamo *rešimo*, to, kurā viņi jau iegūst zināšanas.

Pievērsīsimies tam no cita skatpunkta: sākotnēji vēlme zināt bērnam neradās viņa personīgās izvēles dēļ, bet tāpēc, ka jau atvēries *rešimo* bija sevi izsmēlis, liekot nākamajam "gribēt", lai to izzina. Tādējādi, lai bērns atvērtu *rešimo*, tam jāpamodina viņā vēlme uzzināt, kas tajā apslēpts.

Tieši tā garīgie *rešimot* iedarbojas uz mums. Patiesībā mēs neuzzinām neko jaunu ne šajā, ne garīgajās pasaulēs, bet vienkārši ķepurojamies atpakaļ nākotnē.

Vēloties vairāk atdot (pēc līdzības ar Radītāju), mums pastāvīgi sevi jākontrolē un jāvēro, vai atbilstam aprakstam, kuru uzskatām par garīgo (altruistisko). Tādā gadījumā vēlme kļūt vēl altruistiskākam palīdzēs attīstīt daudz pareizāku un detalizētāku sevis uztveri salīdzinājumā ar Radītāju.

Ja negribam vairs būt egoisti, mūsu vēlmes atraisīs tos *rešimot*, kuri parādīs, ko nozīmē būt altruistiskākiem. Katru reizi, kad pieņemam lēmumu, bet nevēlamies izmantot kādu vēlmi egoistiski, skaitās, ka dotā stāvokļa *rešimo* ir izpildījis savu uzdevumu un var aiziet, atbrīvojot vietu nākamajam. Tikai tāda labošana no mums tiek prasīta. Bāls Sulams šo principu izteicis šādi: "Ienīst egoismu jau nozīmē labot to."

Tālāk viņš paskaidro: "Ja divi cilvēki nonāks līdz izpratnei, ka katrs ienīst to pašu, ko arī viņa draugs, un mīl to pašu un tos pašus, ko draugs, starp viņiem izveidosies nesaraujama mūžīga saikne. Tātad, ja Radītājs mīl dot, tad tiem, kas stāv zemāk par Viņu, tāpat ir jāpierod pie vēlmes tikai dot. Tajā pašā laikā Radītājs necieš būt par ņēmēju, jo Viņš ir viengabalains un tam nav vajadzības ne pēc kā. Arī cilvēkam jāienīst saņemšana sev. No visa iepriekš minētā izriet, ka cilvēkiem jāiezjūt kvēls naids pret vēlmi saņemt, jo tieši tajā sakņojas visas pasaules bēdas. Un ar tādu naidu to var labot."

Tādējādi tikai ar tiekšanos vien atmodinām daudz altruistiskāku vēlmju *rešimo*, jau eksistējošu mūsos kopš tā laika, kad bijām savienoti kopā *Adam Rišon* dvēselē. Šie *rešimot* izlabo mūs un pielīdzina Radītājam. Respektīvi, vēlmes (*kli*) vienlaikus ir gan pārmaiņu virzītājas, kā tika minēts pirmajā nodaļā, gan labošanās līdzeklis. Mums vajag nevis apspiest vēlmes, bet vienkārši rezultatīvi strādāt ar tām savā un citu labā.

Secinājumi

Lai uztvere būtu pareiza, nepieciešams ņemt vērā trīs ierobežojumus.
1. Uztvere aptver šādas kategorijas: a) matēriju, b) matērijas formu, c) abstrakto formu un d) būtību. Mēs uztveram tikai pirmās divas.
2. Visa mana uztvere norisinās manā dvēselē. Mana dvēsele — mana pasaule, bet attiecībā pret mani ārējā pasaule ir tik abstrakta, ka es pat nevaru pārliecināti teikt, vai tā pastāv vai ne.
3. Tas, ko es uztveru, pieder tikai man: es neesmu spējīgs to vēl kādam nodot. Es varu pavēstīt citiem par saviem pārdzīvojumiem, bet, kad viņi izjutīs to pašu, viņu pārdzīvojumi atšķirsies no manējiem.

Kad es kaut ko izzinu, tad novērtēju un noskaidroju, kas tas ir, bet rezultāts atkarīgs no manu iekšējo mērinstrumentu kvalitātes. Ja tiem ir nepilnības, tādi būs arī mērījumi, respektīvi, pasaules aina būs sagrozīta un nepabeigta.

Šobrīd mēs uztveram pasauli ar pieciem maņu orgāniem, bet pareizam vērtējumam mums nepieciešami seši. Tieši tāpēc nespējam panākt, lai mūsu pasaules pārvalde visiem būtu efektīva un līksma nodarbe.

Būtībā sestā sajūta ir nevis fiziska sajūta, bet gan nodoms. Tā saistīta ar to, kā izmantojam savas vēlmes. Izmantojot tās ar atdeves nodomu saņemšanas vietā, proti, izmantojot tās altruistiski, nevis egoistiski, izzinām veselu jaunu pasauli. Tieši tāpēc jauno nodomu sauc par "sesto sajūtu".

Ietērpjot savas vēlmes altruistiskā nodomā, padarām tās līdzīgas Radītāja vēlmēm. Šo līdzību sauc par radījuma un Radītāja "formu līdzību". Tās iemantošana dod ieguvējam tādu pašu uztveri un zināšanas kā Radītājam. Un tieši tāpēc tikai sestā sajūta (nodoms atdot) paver iespēju patiešām uzzināt, kā uzvesties šajā pasaulē.

Kad izpaužas jauna vēlme, būtībā tā tāda nemaz nav — šī vēlme mūsos kaut kad jau ir mitusi, atmiņas par to ir ierakstītas mūsu dvēseles datu bāzē — *rešimot*. *Rešimot* ķēde ved taisni uz augstāko pakāpienu — Radīšanas Nodomu, un jo ātrāk mēs pacelsimies pa to, jo ātrāk un nesāpīgāk sasniegsim visu, kas mums iepriekš nolemts.

Rešimot parādās cits aiz cita tādā tempā, kādu nosakām ar savām vēlmēm virzībā uz garīgumu, kur tām meklējams aizsākums. Kad cenšamies gūt mācību un izprast katru *rešimo*, tas ātrāk tiek izsmelts, un iestājas tā apzināšanās stāvoklis (kas jau pastāv). Kad īstenojam vienu *rešimot*, atveras nākamais, un tā turpināsies, līdz beidzot tiks atklāti un izpētīti visi *rešimot* un mēs sasniegsim labošanās beigas.

6. nodaļa

Šaurs ir tas ceļš, kas ved uz brīvību

Iespējams, būsit pārsteigti, uzzinot, ka patiesībā par kabalu jums ir zināms diezgan daudz. Atkārtosim to! Jūs uzzinājāt, ka kabala radusies apmēram pirms 5000 gadiem Mezopotāmijā (tagadējās Irākas teritorija). Tā parādījās, kad cilvēki sāka meklēt dzīves jēgu. Viņi atklāja, ka mūsu misija, kuras īstenošanai dzimstam, ir saņemt augstāko baudu — kļūt līdzīgiem Radītājam. To apzinoties, viņi sāka veidot mācību grupas un izplatīt gudrības vārdu.

Pirmie kabalisti pavēstīja, ka mūsu pamatvēlmes ir saņemt baudu, kurām ir pieci līmeņi — nedzīvais, augu, dzīvnieku, runājošais un garīgais. Vēlme saņemt ir ļoti svarīga, jo kalpo kā stimuls visu šajā pasaulē notiekošo darbību motivācijai. Citiem vārdiem sakot, vienmēr cenšamies gūt baudu, un jo vairāk mums ir, jo vairāk vēlamies. Tādējādi pastāvīgi attīstāmies un maināmies.

Pēc tam uzzinājām, ka radījuma veidošanā bijuši četri posmi: Sakne (gaismas un Radītāja sinonīms) radīja vēlmi saņemt, šī vēlme sagribēja dot, pēc tam nolēma saņemšanu izmantot kā atdeves veidu un visbeidzot atkal vēlējās saņemt, bet šoreiz — iegūt zināšanas par to, kā kļūt par Radītāju, Dodošo.

Virzoties pa šīm četrām stadijām, vēlme saņemt sadalījās piecās pasaulēs un vienā dvēselē, ko sauc Adam Rišon. Pēc tam sekoja šīs dvēseles sašķelšanās un materializācija mūsu pasaulē. Citiem vārdiem sakot, mēs visi patiesībā esam viena dvēsele, mēs esam savstarpēji saistīti un atkarīgi kā šūnas organismā. Tomēr, vēlmju apjomam pieaugot, mēs visi arvien vairāk iestigām egocentrismā un zaudējām vienotības izjūtu. Tagad mēs jūtam tikai paši sevi un, pat ja nonākam savstarpējā saskarē ar citiem, tad ar vienu mērķi — saņemt ar viņu palīdzību baudu.

Tādu egoistisku stāvokli sauc par "Adam Rišon *dvēseles sašķelšanos", un mūsu uzdevums kā šīs dvēseles daļai ir to izlabot. Būtībā tā nav jālabo, bet gan tikai jāapzinās, ka pašreizējā stāvoklī neesam spējīgi sajust patiesu baudu saskaņā ar vēlmes saņemt likumu: iegūstot kārojamo, pārstājam to vēlēties. Kad to apzināsimies, sāksim meklēt izeju no šī likuma slazda — egoisma lamatām.*

Centieni atbrīvoties no egoisma pamodina "punktu sirdī" *— alkas pēc garīguma.* "Punkts sirdī", *tāpat kā jebkura vēlme, palielinās un samazinās atkarībā no apkārtnes iedarbības. Respektīvi, ja vēlamies pastiprināt savu tiekšanos uz garīgumu, ir jārada atbilstoša vide, kas veicinās tiekšanās attīstību. Šī pēdējā (bet pati svarīgākā) grāmatas nodaļa stāstīs par to, kas jādara, lai radītu atbilstošu vidi personīgajā, sabiedriskajā un starptautiskajā līmenī.*

Tumsa pirms rītausmas

Nakts tumsa īpaši sabiezē pirms saullēkta. Līdzīgi tam, kā atzīmēja grāmatas *Zoar* autori pirms 2000 gadiem, pats tumšākais laiks cilvēces vēsturē būs pirms tās garīgās atmodas. Gadsimtiem ilgi, sākot ar grāmatas "Dzīvības koks" autoru ARI, kas dzīvojis 16. gadsimtā, kabalisti apgalvoja, ka laiks, par kuru runāts grāmatā *Zoar*, ir 20. gadsimta beigas. Viņi to sauca par "pēdējās paaudzes" laiku.

Ar to kabalisti nedomāja, ka pazudīsim kaut kādā apokaliptiski diženā kataklizmā. Kabalā ar jēdzienu "paaudze" saprot garīgo stāvokli. Pēdējā paaudze — pēdējais <u>visaugstākais</u> stāvoklis, kuru var sasniegt. Tātad kabalisti apgalvoja, ka laiks, kurā mēs dzīvojam, — 21. gadsimta sākums — kļūs par laiku, kad parādīsies paaudze, kas būs gatava garīgajai augšupejai.

Vienlaikus viņi uzsvēra, ka nevaram turpināt attīstīties kā agrāk, ja gribam laimīgas pārmaiņas nākotnē. Tagad, ja vēlamies augt, mums nepieciešama apzināta un brīvprātīga izvēle.

Pēdējās paaudzes, paaudzes ar brīvprātīgu izvēli, parādīšanās kā jebkura veidošanās un dzimšana nav vienkārša. Līdz šim laikam attīstījās mūsu zemākās vēlmes (no nedzīvā līmeņa līdz runājošajam), neaizskarot garīgās. Tagad garīgie *rešimot* (garīgie gēni, ja vēlaties) izpaužas miljonos cilvēku, prasot īstenot tos reālajā dzīvē.

Kad šie *rešimot* izpaužas mūsos pirmo reizi, mums vēl nav

piemērotas metodes, lai ar tiem strādātu. Tie ir līdzīgi pavisam jaunai tehnoloģijai, kas pirms lietošanas vēl jāizpēta. Tas nozīmē, ka mācību procesā turpinām izmantot veco domāšanu, kas mums palīdzēja apzināties mūsu līmeņa vēlmes, vienlaikus cenšoties atklāt jaunas. Nav brīnums, ka tā nedarbojas un mūs pārņem vilšanās.

Kad šie *rešimot* cilvēkā pamostas, rodas neticība saviem spēkiem, ko nomaina nomāktības stāvoklis, un tā tas turpināsies, līdz indivīds nesapratīs, kā jāizturas pret savām jaunajām vēlmēm. Parasti tas notiek, lietojot kabalas gudrību, kuras sākotnējais uzdevums — tikt galā ar garīgajiem *rešimot*, kā bija aprakstīts pirmajā nodaļā.

Bet, ja cilvēks nespēj rast risinājumu, viņš sāk apspiest jaunās vēlmes un var ieslīgt darbā, iemantot dažādus kaitīgus ieradumus vai citādi rīkoties, lai apslāpētu problēmas un izvairītos no nepieciešamības — iemācīties pārvarēt neārstējamo sāpi.

Tāda krīze var kļūt par cēloni milzīgām ciešanām personiskā līmenī, bet pirmajā acumirklī tā neliekas pietiekami nopietna problēma, lai spētu izjaukt sociālās struktūras līdzsvaru. Tomēr atliek vien garīgajiem *rešimot* vienlaikus parādīties vairākos miljardos cilvēku, īpaši, ja tas notiek dažādās valstīs, un, lūk, — te mums ir globālā krīze. Tā savukārt prasa globālus risinājumus.

Ir pilnīgi skaidrs, ka tagad cilvēce ir nokļuvusi tieši tādā situācijā. Depresija Amerikas Savienotajās Valstīs ir sasniegusi bezprecedenta līmeni, un arī citās attīstītajās valstīs aina nav daudz labāka. 2001. gadā Pasaules veselības organizācijas ziņojumos konstatēts — "depresija ir pamatcēlonis rīcībnespējai vairumā valstu".

Cita mūsdienu sabiedrību nopietni satraucoša problēma ir narkotiku lietošana. Tās lietotas vienmēr, bet agrāk galvenokārt medicīnā un maģijā, tagad to lietošana plaši izplatīta jaunu cilvēku vidū, kas tā cenšas kompensēt viņus pārņēmušo tukšuma sajūtu. Tā kā depresija padziļinās, pieaug arī narkotiku lietošana, palielinot ar to saistīto noziegumu skaitu.

Vēl viens krīzes aspekts — ģimenes problēmas. Laulības institūts vienmēr ir bijis stabilitātes, siltuma un aizsardzības simbols, bet mūsdienās tas vairs nav tāds. Kā liecina Nacionālā medicīniskās statistikas institūta dati, puse laulāto pāru šķiras, un šie dati ir attiecināmi arī uz visu Rietumu pasauli.

Pat vairāk, lai pieņemtu lēmumu par šķiršanos, pāriem nebūt nav jāpiedzīvo smaga krīze, kas saistīta ar konfliktiem. Patlaban pat laulātie 50–60 gadu vecumā nevar atrast pamatojumu ģimenes saglabāšanai, kad bērni pamet mājas. Tā kā ienākumi ir stabili, viņi nebaidās pāršķirt jaunu lappusi savā dzīvē vecumā, kas vēl pirms dažiem gadiem tika uzskatīts par nepiemērotu šādam solim. Ir pat apzīmējums šai parādībai — "tukšās ligzdas sindroms". Taču patiesais iemesls ir šāds: kad bērni pamet dzimtās mājas, laulātajiem vairs nepaliek nekas, kas varētu viņus saturēt kopā, jo viņi vienkārši nemīl viens otru.

Lūk, patiesais tukšums — mīlestības trūkums. Ja atcerēsimies, ka cilvēkus par egoistiem radījis spēks, kas vēlējās dot, mums paveras iespēja. Galu galā, ar zināmu piepūli mēs šo problēmu atrisināsim.

Taču mūsdienu krīze ir unikāla ne tikai ar savu globālo raksturu, bet arī ar savu daudzpusību, kas to padara visaptverošu un grūti regulējamu. Šī krīze ir vērojama faktiski visās cilvēces darbības jomās — privātajā, sabiedriskajā, starptautiskajā, zinātnē, medicīnā un planētas klimatā. Piemēram, vēl pirms dažiem gadiem tēma "Laika apstākļi" bija tādu cilvēku glābiņš, kuriem nebija nekā cita, par ko runāt. Šodien jau visiem jāizprot klimatisko pārmaiņu nianses. Klimata maiņa, globālā sasilšana, ūdens līmeņa celšanās jūrā un jaunās vētru sezonas sākums kļuvušas par aktuālām sarunu tēmām.

"Lielais atkusnis" — tā *Independent* publikācijā 2005. gada

20. novembrī ironiski planētas stāvokli raksturojis Džefrijs Linns. Rakstu sauc: "Lielais atkusnis: globālā katastrofa notiks, ja izkusīs Grenlandes ledus cepures", apakšvirsraksts — "Tagad zinātnieki atzīst, ka ledāji pazūd ātrāk, nekā gaidīts".

Laika apstākļi nav vienīgā nelaime, kas sabiezē pie apvāršņa. 2006. gada 22. jūnijā žurnālā *Nature* bija publicēts Kalifornijas Universitātes pētījums, kurā apgalvots, ka Sanandreasas lūzumā ir paaugstinājies spiediens, kas ir pietiekams nākamās milzīgās katastrofas izraisīšanai. Kalifornijas Universitātes Skripsa okeanogrāfijas institūta profesors Jurijs Fialko atzinis: "Lūzums ir nozīmīgs seismiskais drauds un var kļūt par grūdienu nākamajai spēcīgajai zemestrīcei."

Protams, ja mums izdosies pārdzīvot vētras, zemestrīces un ūdens līmeņa celšanos pasaules jūrās, vienmēr atradīsies arī kāds vietējais "Bin Ladens", kas atgādinās, ka mūsu dzīve var kļūt daudz īsāka, nekā plānojam.

Un, visbeidzot, bet ne mazāk svarīgi: eksistē problēmas, kas saistītas ar cilvēka veselību un arī ir uzmanības vērtas, — AIDS, putnu gripa, govju trakumsērga un, protams, "vecā gvarde": vēzis, sirds un asinsvadu slimības un diabēts. Šeit var minēt arī daudz ko citu, bet jūs, iespējams, jau uztvērāt lietas būtību. Dažas no šīm problēmām, kas saistītas ar cilvēka veselību, nav jaunas, bet te tiek minētas, jo izplatās pa visu zemeslodi.

Sens ķīniešu teiciens vēsta: "Kad gribi kādu nolādēt, saki: "Novēlu tev dzīvot pārmaiņu laikā!"" Mūsu laiks patiešām ir pārmaiņu laiks, tomēr tas nav lāsts, bet, kā paregots grāmatā *Zoar* — tumsa pirms saullēkta. Tagad skatīsimies, vai atradīsies problēmu risinājums.

Brīnišķīga pasaule četru soļu attālumā

Lai mainītu pasauli, jāveic četri soļi.
1. Jāatzīst krīzes esamība.
2. Jānoskaidro krīzes cēloņi.
3. Jāizvēlas labākais veids krīzes risināšanai.
4. Jāizstrādā krīzes novēršanas plāns.

Jāatzīst krīzes esamība

Nezināmu iemeslu dēļ daudzi joprojām pat nenojauš par krīzes esamību. Valdībām un starptautiskajām korporācijām pirmajām būtu nopietni jāķeras pie darba, bet interešu konflikts traucē tām apvienoties, lai krīzi veiksmīgi pārvarētu. Turklāt cilvēku vairākums līdz šim nejūt, ka izveidojusies situācija apdraud katru personīgi, tāpēc ignorējam neatliekamo vajadzību tikt ar to skaidrībā, kamēr tā vēl nav aizgājusi pārāk tālu.

Taču pati lielākā problēma ir, ka nav saglabājušās atmiņas par pagātnē pārdzīvotajām bīstamajām situācijām. Tieši tāpēc nespējam pareizi novērtēt pašreizējo. Nevar teikt, ka iepriekš katastrofas nenotika, bet mūsu laiks ir unikāls ar to, ka tās notiek visos virzienos pavisam negaidīti — izpaužas visās cilvēces dzīves jomās un aptver visu zemeslodi.

Jānoskaidro krīzes cēloņi

Krīze rodas, kad notiek divu elementu sadursme un uzvarētājs uzspiež savus noteikumus uzvarētajam. Cilvēka iedaba vai egoisms tad pretstatī sevi Dabai un altruismam. Tādēļ daudzus cilvēkus nomāc grūtsirdība, nospiestība, pārliecības trūkums un vilšanās. Īsāk izsakoties, krīze patiesībā nenotiek ārpusē. Pat ja tā acīmredzami aptver noteiktu fizisko telpu, krīze ir mūsos. Krīze ir titāniska cīņa starp labo (altruismu) un ļauno (egoismu). Skumji, ka jātēlo "sliktie puiši" īstā realitātes šovā. Tomēr nezaudējiet cerības: kā daudzās izrādēs, arī šoreiz mūs gaida laimīgas beigas.

Jāizvēlas vislabākais veids krīzes risināšanai

Jo precīzāk noteiksim krīzes patiesos cēloņus, proti, savu egoismu, jo labāk sapratīsim, kas jāmaina pašiem sevī un savā sabiedrībā. Izdarot to, mēs mazināsim krīzi un izvēlēsimies pozitīvu, konstruktīvu risinājumu sociālajām un ekoloģiskajām problēmām. Kad pievērsīsimies brīvās izvēles tēmai, parunāsim par šīm pārmaiņām daudz sīkāk.

Jāizstrādā krīzes novēršanas plāns

Pabeiguši īstenot pirmos divus plāna posmus, varēsim to raksturot daudz sīkāk. Taču pats labākais projekts negūs panākumus bez vadošo organizāciju, kas bauda tautas atzinību, aktīvas palīdzības. Proti, būtu nepieciešams plaša mēroga starptautiskais atbalsts — zinātnieku, domātāju, politiķu, Apvienoto Nāciju Organizācijas, kā arī plašsaziņas līdzekļu un sabiedrisko apvienību.

Tā kā mēs paceļamies no viena vēlmju līmeņa uz otru, tad visam, kas tagad notiek, pirmo reizi ir vieta garīgajā vēlmju līmenī. Ja atcerēsimies, ka atrodamies uz šī pakāpiena, varēsim izmantot to cilvēku zināšanas, kas jau ir nodibinājuši ar to saikni, tādā pašā veidā, kā izmantojam šobrīd pieejamos zinātniskos datus.

Kabalisti, kuri jau sasnieguši garīgās pasaules — mūsu pasaules sākumu —, redz *rešimot* (garīgās saknes), kas izraisa pašreizējo stāvokli, viņi var mums parādīt izeju no problēmām, ar kurām saskaramies.

Tāpēc mēs viegli un ātri tiksim galā ar krīzi, jo zināsim notiekošā cēloņus un nepieciešamos veidus negatīvo situāciju pārvarēšanai. Padomājiet par to šādi: ja jums kļūtu zināms par tādu cilvēku eksistēšanu, kuri spēj noteikt nākamās dienas loterijas rezultātus, vai tad jūs negribētu, lai viņi būtu līdzās, kad izdarīsiet likmes?

Te nav nekādas maģijas — tikai tās spēles noteikumu zināšana, kas notiek garīgajā pasaulē. Ja uz radušos situāciju palūkojas ar kabalista acīm, nekādas krīzes nav, vienkārši esam mazliet dezorientēti un tāpēc izdarām likmes uz nepareizajiem skaitļiem. Tad, kad atradīsim vajadzīgo virzienu, arī krīzes (neeksistējošas) atrisinājums izrādīsies viegls darbs. Kā laimests loterijā. Kabalas zināšanu burvība ir tā, ka nav autortiesību — tās ir katra īpašums.

Iepazīsti savu iespēju robežas

> Dievs, dod man spēkus mainīt savā dzīvē to, ko es varu mainīt, dod man drosmi pieņemt to, ko mainīt nav manā varā, un dod man gudrību atšķirt vienu no otra.
>
> *Sena lūgsna*

No mūsu skatpunkta esam unikālas un neatkarīgi darbojošās personības. Tāds ir vispārpieņemtais uzskats. Iedomājieties, cik gadsimtiem ilgas cīņas ir piedzīvojusi cilvēce, lai beidzot iemantotu to ierobežoto personības brīvību, kāda mums šodien ir.

Taču mēs neesam vienīgie, kas cieš brīvības zaudēšanas dēļ. Neviena būtne nepakļaujas bez cīņas. Pretošanās jebkurai pakļaušanas formai ir iedzimta un dabiska īpašība. Tomēr, pat atzīstot, ka visām būtnēm ir tiesības uz brīvību, mēs vai nu neizprotam tās patieso nozīmi, vai neredzam saikni starp to un cilvēces egoisma labošanas procesu.

Ja godīgi pajautāsim sev, kāda ir brīvības jēga, visdrīzāk secināsim, ka to izteiks tikai daži mūsu līdzšinējie priekšstati par brīvību. Tāpēc, pirms runāt par brīvību, jāzina, ko nozīmē būt brīvam.

Lai pārliecinātos, vai saprotam brīvības jēgu, jāielūkojas sevī un jāapdomā, vai spējam veikt kaut vienu brīvas izvēles aktu. Pastāvīgi pieaugošā vēlme saņemt nemitīgi dzen mūs labākas un patīkamākas dzīves meklējumos, bet, iekļūstot šajā aplamajā aplī, zaudējam izvēles iespēju.

Taču, ja vēlme saņemt ir visu nelaimju cēlonis, varbūt ir veids, kā to "uzraudzīt"? Ja to mācēsim, varbūt mums izdosies kontrolēt arī visu procesu? Citādi, ja kontrole izpaliks, spēle būs zaudēta, tai vēl nesākoties.

Taču, ja mēs zaudējam, kas tad uzvar? Ar ko (ar kuru) mēs sacenšamies? Mēs nodarbojamies ar savām lietām tā, it kā ārējie notikumi būtu atkarīgi no mūsu lēmumiem. Vai tā ir patiesībā? Vai nav labāk atteikties no centieniem mainīt savu dzīvi un ļauties straumei?

No vienas puses, mēs tikko atzīmējām, ka visi dabas objekti pretojas jebkādai pakļaušanai. No otras puses, daba neatklāj, kad mēs darbojamies neatkarīgi (ja tas vispār ir iespējams) un kad neredzamais Marionešu raustītājs rada mums iespēju pārliecināties par brīvības esamību.

Vēl vairāk, ja daba dzīvo saskaņā ar Kopējo Nodomu, vai šie jautājumi un nenoteiktība nav tā sastāvdaļa? Iespējams, eksistē apslēpts iemesls, kura dēļ mums jāizjūt apjukums un samulsums. Varbūt samulsums un vilšanās ir veids, kā Marionešu pavēlnieks saka mums: "Ei, paskatieties uzmanīgāk, uz kurieni jūs ejat. Ja jūs meklējat Mani, tad darāt to ne tajā virzienā!"

Daži noliegs, ka mēs patiešām esam dezorientēti. Tomēr, lai noteiktu savu virzienu, nepieciešams zināt, uz kurieni vērst skatienu. Tas palīdzēs ekonomēt veltīgiem mēģinājumiem patērēto laiku. Pirmais, ko vēlams noskaidrot: kur mums ir un kur nav brīva un neatkarīga izvēle. To apzinoties, sapratīsim, uz ko jākoncentrē pūliņi.

"Dzīves groži"

Visa daba pakļauta vienam likumam — baudas un ciešanu likumam. Ja radījuma vienīgais materiāls ir vēlme gūt baudu, dabai nepieciešams tikai viens pārvaldīšanas noteikums: tieksme uz baudu un bēgšana no ciešanām.

Cilvēki nav izņēmums. Mēs esam pakļauti iepriekš izstrādātai shēmai, kas pilnībā nosaka katru mūsu soli: mums gribas mazāk strādāt un vairāk saņemt. Un — lai viss nāktu par velti! Tāpēc, lai ko mēs arī darītu, pat ja darbības ir neapzinātas, mēs nemainīgi cenšamies izvēlēties baudu un izvairīties no ciešanām.

Pat ja liekas, ka sevi ziedojam, patiesībā šī ziedošanās tobrīd sniedz mums daudz lielāku baudu nekā cita izvēle. Iemesls, kāpēc mānām sevi, uzskatot, ka mūs vada altruistiski motīvi, ir tāds, ka mums patīkamāk ir sevi mānīt nekā teikt sev patiesību. Kā reiz sacījusi Agnese Repliera: "Nekāds kailums nerada tādus protestus kā kaila patiesība."

Trešajā nodaļā runājām par to, ka otrā stadija paredz došanu, pat ja eksistē tā pati vēlme saņemt, kas pirmajā stadijā. Tā arī ir visa "altruistisko" darbību sakne, kas virzīta uz "došanu" citiem.

Pārliecināmies, ka visas mūsu darbības ir saistītas ar aprēķinu — "kas man par to būs". Piemēram, es salīdzinu pirkuma vērtību ar iespējamo labumu no tā iegūšanas. Ja uzskatu, ka bauda (vai ciešanu neesamība) no šī priekšmeta iegūšanas pārsniedz cenu, ko man vajadzēs samaksāt, tad pavēlu savam "iekšējam brokerim": "Pērc! Pērc! Pērc!"

Mēs varam mainīt prioritātes, apgūt citus priekšstatus par labu un ļaunu un pat uztrenēt bezbailību. Pat vairāk, var iztēloties mērķi tik svarīgu, lai visas grūtības tā sasniegšanas ceļā liktos nenozīmīgas un nenopietnas.

Piemēram, ja mans mērķis ir stāvoklis sabiedrībā un labi ienākumi, ko es gūtu kā ievērojams ārsts, es centīšos, neatlaidīgi mācīšos augstskolā daudzus garus gadus, vēl dažus gadus, pilnībā neizguļoties, aizvadīšu rezidentūrā cerībā uz popularitāti un bagātību nākotnē.

Dažkārt samaksāt ar ciešanām tagadnē par panākumiem nākotnē liekas tik dabiski, ka pat nepamanām, kā to darām. Piemēram, ja, smagi saslimis es uzzinu, ka manu dzīvību var glābt tikai ķirurģiska iejaukšanās, tad ar prieku piekritīšu operācijai. Pat ja pati operācija var likties visai nepatīkama un riskanta, tā nav tik bīstama kā slimība. Dažos gadījumos cilvēki pat ir gatavi samaksāt krietnu summu, lai izietu cauri tādam smagam pārbaudījumam.

Mainīt sevi, mainot sabiedrību

Daba mums ir lēmusi ne tikai pastāvīgu bēgšanu no ciešanām un nepārtrauktu dzīšanos pēc baudām, bet arī liegusi spēju noteikt, kādas baudas gribam. Citiem vārdiem, mēs nevaram kontrolēt savas vēlmes, un tās parādās bez brīdinājuma, neprasot mūsu viedokli.

Tomēr vienlaikus daba, veidojot mūsu vēlmes, devusi mums arī kontroles līdzekli pār tām. Ja mēs visi atceramies, ka esam vienas dvēseles — *Adam Rišon* dvēseles — daļas, mums nav grūti pamanīt: kontrolēt personīgās vēlmes iespējams, iedarbojoties uz visu dvēseli, kas nozīmē — uz visu cilvēci vai vismaz uz tās daļu.

Paskatīsimies uz to tā: ja viena šūna grib iet pa kreisi, bet viss ķermenis — pa labi, šūnai arī vajadzēs iet pa labi. Ja vien tai neizdosies pārliecināt visu ķermeni vai lielāko daļu šūnu, vai ķermeņa "valdību", ka labāk tomēr doties pa kreisi.

Un tā, lai gan nevaram kontrolēt savas vēlmes, sabiedrība ir spējīga kontrolēt tās un dara to. Tā kā spējam kontrolēt sabiedrības izvēli, varam izvēlēties tādu sabiedrību, kas, pēc mūsu ieskatiem, uz mums iedarbojas vislabvēlīgāk. Vienkāršāk sakot, var izmantot sabiedrības ietekmi, lai pārbaudītu personīgās vēlmes. Kontrolējot vēlmes, kontrolēsim savas domas un beidzot arī darbības.

Grāmatā *Zoar* pirms gandrīz diviem tūkstošiem gadu aprakstīts apkārtējās sabiedrības nozīmīgums. Tomēr kopš 20. gadsimta, kad kļuva skaidrs, ka esam atkarīgi cits no cita izdzīvošanā, efektīvs šīs mūsu nepatstāvības lietojums kļuva vitāli svarīgs garīgajā virzībā. Sabiedrībai ir īpaša nozīme — lūk, ziņa, ko kabalists Jehuda Ašlags cenšas pavēstīt mums daudzos savos apcerējumos, un, ja izsekosim šīs domas izvērsumam, tad sapratīsim, kāpēc tas tā.

Jehuda Ašlags uzsver, ka katra cilvēka lielākā vēlme, vai viņš to atzīst vai ne, — būt citu mīlētam un iegūt viņu atzinību. Tas ne tikai sniedz mums pārliecību par sevi, bet arī nostiprina mūsu pašu dārgāko sasniegumu — mūsu egoismu. Kad neizjūtam sabiedrības atzinību, mums liekas, ka tā noliedz mūsu eksistenci, bet tas ir neizturami jebkuram ego. Lūk, kāpēc cilvēki dažreiz ieslīgst galējībās, lai izpelnītos apkārtējo uzmanību.

Tā kā mūsu lielākā vēlme ir iegūt sabiedrības atzinību, jāpielāgojas apkārtnes likumiem (un jāizmanto tie praksē). Šie likumi nosaka ne tikai mūsu uzvedību, bet arī rīcību un attieksmi pret visu, ko darām un par ko domājam.

Tāda situācija padara mūs nespējīgus kaut ko izvēlēties — sākot no dzīvesveida līdz interesēm, brīvā laika pavadīšanas veidiem un pat ēdiena un apģērba. Pat vairāk, izvēloties ģērbties pēc modes vai nerēķināties ar to, mēģinām paust vienaldzību pret sociāliem noteikumiem, kurus izvēlamies ignorēt. Citiem vārdiem, ja tā mode, ko izvēlējāmies ignorēt, neeksistētu, mums nevajadzētu to darīt, un tad mēs droši vien izvēlētos citu ģērbšanās stilu. Galu galā vienīgais ceļš mainīt mūs pašus ir mainīt apkārtnes sociālās normas.

Četri pamatelementi

Ja neesam nekas vairāk kā apkārtējās vides produkts un ja patiesībā neesam brīvi ne savā rīcībā, ne domās, vai varam atbildēt par savām darbībām? Ja par to neatbildam mēs, kas tad?

Lai atbildētu uz šiem jautājumiem, vispirms nepieciešams izprast četrus pamatelementus, no kuriem mēs sastāvam, un kā mums ar tiem jāstrādā, lai iegūtu izvēles brīvību.

Saskaņā ar kabalu mūs visus ietekmē četri pamatelementi.
1. "Pamats" jeb "pirmmatērija".
2. Pamata nemainīgās īpašības.
3. Īpašības, kas mainās ārējo spēku ietekmē.
4. Ārējās apkārtējās vides pārmaiņas.
Noskaidrosim, ko šie elementi mums nozīmē.

Pamats jeb "pirmmatērija"

Mūsu nemainīgo būtību sauc par "pamatu". Es varu būt laimīgs vai skumjš, domīgs, dusmīgs, nesabiedrisks vai sabiedrisks. Tomēr jebkurā noskaņojumā jebkurā sabiedrībā mana "es" pamats vienmēr paliek nemainīgs.

Lai saprastu četrfāžu stāvokļu ideju, iztēlosimies augu augšanu un vīšanu. Piemēram, kvieši.

Trūdot augsnē, kvieša grauds pilnībā zaudē savu formu, tomēr no tā var izaugt tikai jauns kvieša dzinums un nekas cits. Tā notiek tāpēc, ka pamats ir palicis nemainīgs, grauda būtība vienmēr būs kvieša būtība.

Pamata nemainīgās īpašības

Tāpat kā pamats paliek nemainīgs un kvieša grauds vienmēr dod dzīvību jaunam kvieša graudam, nemainās arī kviešu attīstības veids. Viens augs var radīt vairākus līdzīgus augus jaunā dzīvības ciklā, jauno augu daudzums un kvalitāte var mainīties, bet pats pamats, kvieša sākotnējās formas būtība paliek nemainīga. Vienkāršāk izsakoties, neviens cits augs, izņemot kviesi, nevar izaugt no kvieša grauda, un visi šīs dzimtas augi vienmēr attīstīsies pēc viena principa — sākot no brīža, kad grauds izdzen asnu, līdz tam brīdim, kad pienāk laiks novīst.

Tikpat vienotā secībā attīstījusies visa cilvēce — pateicoties tai, mums ir zināms (vairāk vai mazāk), kad bērnā jāsāk izpausties kaut kādām spējām, kad viņš var sākt ēst vienu vai otru ēdienu. Ja nebūtu šāda precīza modeļa, mēs nevarētu izveidot cilvēka attīstības diagrammu. Tas ir attiecināms arī uz jebkuru citu objektu.

Īpašības, kas mainās ārējo spēku ietekmē

Lai gan grauds paliek grauds, tā pazīmes var mainīties apkārtējās vides ietekmē, piemēram, gaismas, augsnes sastāva, mēslojuma, mitruma...

Tātad tajā laikā, kad kviesis paliek kviesis, tā "iepakojums", tā būtības iezīmes var mainīties ārējo faktoru ietekmē.

Tā mūsu garastāvoklis mainās citu cilvēku ietekmē vai dažādās situācijās, lai gan mēs paši (mūsu pamats) paliekam nemainīgi. Dažreiz ilgstoša ārējo faktoru iedarbība var mainīt ne tikai mūsu garastāvokli, bet arī raksturu. Patiesībā šīs jaunās īpašības rada ne jau apkārtne, bet atrašanās noteikta tipa cilvēku sabiedrībā aktivizē attiecīgās mūsu iedabas daļas.

Ārējās apkārtējās vides pārmaiņas

Arī ārējā vide, kas iedarbojas uz graudu, pakļaujas tādai ārējo faktoru iedarbībai kā klimats, gaisa kvalitāte un citu augu klātbūtne. Tieši tāpēc cilvēki augus stāda siltumnīcās un mākslīgi uzlabo augsni, cenšoties radīt labāko vidi augšanai.

Cilvēku sabiedrībā pastāvīgi mainām savu apkārtni: reklamējam jaunus produktus, ievēlam valdības, apmeklējam dažādas mācību iestādes, pavadām laiku kopā ar draugiem... Talab, lai kontrolētu personīgo izaugsmi, nepieciešams iemācīties kontrolēt arī cilvēku grupas, ar kurām kopā pavadām laiku, un pats galvenais — tos, kurus cienām. Tieši šie cilvēki mūs ietekmē visvairāk.

Ja mēs tiecamies laboties — kļūt par altruistiem —, mums nepieciešams zināt, kādas sociālās pārmaiņas to veicina, un paveikt tās līdz galam. Izmantojot šos faktorus — pārmaiņas ārējā sociālajā vidē —, veidojam savu būtību, mainām savas pamatīpašības un tādējādi nosakām personīgo likteni.

Pareizas apkārtējās vides izvēle, lai labotos

Lai gan nevaram izvēlēties savas pamatīpašības, tomēr spējam iedarboties uz personīgo dzīvi un likteni, izvēloties konkrētu sociālo vidi. Citiem vārdiem sakot, tā kā apkārtne ietekmē pamatīpašības, mēs varam veidot personīgo nākotni, radot apkārtni, kas atbalstīs mūs noteikto mērķu sasniegšanai.

Tiklīdz esmu noteicis savu virzienu un radījis apkārtni, kas stimulēs manu virzību uz mērķi, man rodas iespēja izmantot sabiedrību kā savas attīstības pastiprinātāju. Ja, piemēram, es vēlos naudu, man apkārt jābūt cilvēkiem, kuri tiecas pēc tās, runā par to un cītīgi strādā, lai to nopelnītu. Tas viss mani iedvesmos uz tādu pašu cītīgu darbu un novirzīs manas domas uz finansiālo panākumu jomu.

Lūk, vēl viens piemērs. Ja man ir liekā ķermeņa masa un es vēlos to samazināt, visvienkāršākais veids, kā to sasniegt, — būt kopā ar cilvēkiem, kas domā, runā par to un iedvesmo cits citu samazināt svaru. Patiesībā, es varu izdarīt pat vairāk, nekā tikai būt kopā ar cilvēkiem, kuri radīs nepieciešamo vidi: grāmatas, filmas, žurnālu raksti palīdzēs pastiprināt apkārtnes ietekmi. Der jebkuri līdzekļi, kas pastiprina un atbalsta manu vēlmi samazināt svaru.

Tādi ir vides noteikumi. Anonīmie alkoholiķi un "svara vērotāji", narkomānu labošanās iestādes — tie visi izmanto apkārtnes spēku, lai sniegtu palīdzību tiem, kuri nespēj sev palīdzēt paši. Pareizi izmantojot savu apkārtni, var sasniegt visu, par ko pat sapņot neuzdrošināmies. Bet pats labākais: mēs pat nejutīsim, ka tērējam tam spēkus.

Vienas sugas putni

> Pirmajā nodaļā runājām par formu līdzības principu. Šis princips ir piemērojams arī šeit, tikai fiziskā līmenī. Līdzīgiem cilvēkiem kopā ir labi, jo viņu vēlmes un domas ir vienādas. Ir zināms, ka vienas sugas putni apvienojas baros. Var iedarbināt arī pretēju procesu. Izvēloties sev "baru", varam paredzēt, par kādiem "putniem" beigās kļūsim.

Tiekšanās pēc garīguma nav izņēmums. Ja es tiecos pēc tā un gribu pastiprināt šo vēlmi, man jāpanāk, lai apkārt būtu piemēroti draugi, grāmatas un filmas. Pārējo padarīs cilvēka daba. Ja cilvēku grupa pieņem lēmumu līdzināties Radītājam, nekas nespēj viņiem stāties ceļā, pat ne pats Radītājs. Kabalisti tādos gadījumos saka: "Mani uzvarēja Mani dēli."

Tomēr kāpēc mēs neredzam tiekšanos pēc garīguma? Nu, tam ir neliels traucēklis: <u>nevar sajust garīgumu, kamēr to neiegūst</u>. Neredzot un nejūtot mērķi, ļoti grūti pa īstam to vēlēties, bet mēs jau saprotam, ka grūti kaut ko sasniegt, ja nav ļoti lielas vēlēšanās.

Padomājiet par to šādi: visi mūsu centieni šajā pasaulē rodas kaut kādas ārējas iedarbības ietekmē. Ja man garšo pica, tad tikai tāpēc, ka draugiem, vecākiem un televīzijā apgalvots, ka tā ir laba. Ja es vēlos kļūt par juristu, tad tikai tāpēc, ka sabiedrībā pieņemts uzskatīt šo profesiju par ļoti prestižu un labi apmaksātu.

Bet vai neatradīsies sociumā kaut kāds vai kaut kas, kas pastāstīs man, cik brīnišķīgi ir kļūt līdzīgam Radītājam? Pat vairāk, ja šāda vēlme sabiedrībai nepiemīt, no kurienes tā manī radīsies? Vai tā var rasties no nekurienes?

Nē, no nekurienes tā nevar rasties, tā rodas no *rešimot*. Tās ir atmiņas par nākotni. Ļaujiet paskaidrot. Jau ceturtajā nodaļā tika runāts, ka *rešimot* ir ieraksti, atmiņas, kas iespiežas mūsos, kad atrodamies uz daudz augstākiem pakāpieniem garīgajās kāpnēs. Šie *rešimot* guļ mūsu zemapziņā un parādās virspusē cits pēc cita, izraisot jaunas vai daudz stiprākas vēlmes salīdzinājumā ar iepriekšējām. Turklāt mēs visi kaut kad atradāmies uz daudz augstākiem garīgajiem pakāpieniem, tāpēc izjūtam vēlmes atgriezties šajos garīgajos stāvokļos, kad pienāks laiks tos pārdzīvot — vēlmju garīgajā līmenī.

Tāpēc nav jājautā: "Kā var būt, ka es vēlos to, kā nav manā apkārtnē?" Jautājumam jāskan šādi: "Ja reiz man ir šī vēlme, kā man to izmantot, gūstot maksimālu labumu?" Atbilde vienkārša: izturieties pret to tāpat kā pret jebkuru citu jūsu centienu objektu — domājiet, runājiet, lasiet un dziediet par to! Dariet visu iespējamo, lai palielinātu tā vērtību, un jūsu virzība proporcionāli tam paātrināsies.

Grāmatā *Zoar* ir iedvesmojošs un patiess stāsts par gudro rabbi Josi ben Kismu — dižāko sava laika kabalistu. Reiz bagāts tirgonis no citas pilsētas piedāvājis pārcelties uz viņa pilsētu, atvērt tur garīgo skolu vietējiem gudrības meklētājiem. Tirgonis paskaidrojis, ka viņa pilsētā neesot gudro, bet nepieciešamība pēc tiem — milzīga. Nemaz nerunājot par to, ka viņš solījis dāsni parūpēties par visām rabi personīgajām un ar skolu saistītajām vajadzībām.

Bagātniekam par lielu izbrīnu rabi Josi kategoriski atteicies, paziņojot, ka nekādā ziņā nepārcelsies uz tādu vietu, kur nav citu gudro. Pārsteigtais tirgonis centies iebilst, izvirzot argumentu, ka rabbi Josi esot visdiženākais sava laika gudrais, kuram nav nekādas vajadzības no kāda kaut ko mācīties.

"Turklāt," teica tirgonis, "pārcelšanās uz mūsu pilsētu un tajā dzīvojošo cilvēku mācīšana būs no jūsu puses dižena garīgā kalpošana, jo šeit jau ir ļoti daudz gudro, bet mums nav neviena. Jūs ieguldīsiet būtisku artavu visas pašreizējās paaudzes garīgumā. Varbūt diženais skolotājs tomēr padomās par manu piedāvājumu?"

Rabbi Josi atbildēja: "Pat visgudrākais drīz zaudēs savu gudrību, ja dzīvos starp muļķiem." Lietas būtība nav tajā, ka rabi negribēja palīdzēt tirgotāja līdzpilsoņiem, viņš vienkārši zināja: ja nebūs atbilstošas garīgās vides, viņa zaudējums būs divkāršs — nevarēs izglītot savus mācekļus un zaudēs savu garīgo līmeni.

Nekādu anarhistu

Iepriekšējā nodaļa, iespējams, vedināja jūs uz domu, ka kabalisti ir anarhisti, kas alkst izjaukt sabiedrisko kārtību, atbalstot garīgi orientētu kopienu veidošanu. Nekas nevar būt vēl tālāk no patiesības.

Jehuda Ašlags visnotaļ nepārprotami izskaidro, un to apstiprinās jebkurš sociologs un antropologs, ka cilvēks ir sabiedriska būtne. Vārdu sakot, mums nav citas izvēles, kā tikai dzīvot sociumā, jo esam kopējās dvēseles daļiņas. No tā izriet, ka mums jāpakļaujas tās sabiedrības likumam, kurā dzīvojam, un jārūpējas par tās labklājību. Vienīgais veids, kā šo mērķi panākt, ir ievērot tās noteikumus.

Tomēr vienlaikus Bāls Sulams apgalvo, ka jebkurā situācijā, kas nav saistīta ar sabiedrību, tai nav nekādu tiesību vai attaisnojumu ierobežot personas brīvību. Bāls Sulams pat iet tik tālu, ka tos, kas to dara, sauc par noziedzniekiem un paziņo, ka daba neuzliek pienākumu cilvēkam pakļauties sabiedrības gribai, kad runa ir par garīgo virzību. Tieši pretēji, garīgā pilnveidošanās ir visu un katra personisks pienākums. Attīstoties mēs labojam ne tikai savu personīgo, bet arī visas pasaules dzīvi.

Ļoti svarīgi saprast atšķirību starp pienākumiem pret sabiedrību, kurā dzīvojam, un atbildību par personīgo garīgo izaugsmi. Zinot, kur novilkt līniju un kā veicināt gan vienu, gan otru, atbrīvosimies no daudziem aizspriedumiem un melīgiem priekšstatiem par garīgumu. Dzīves noteikumiem būtu jābūt vienkāršiem un skaidriem: ikdienas dzīvē mēs pakļaujamies normām, noteiktiem likumiem, bet garīgajā — mums ir brīvība attīstīties individuāli. Izrādās, personīgo brīvību var panākt, tikai nonākot uz garīgās attīstības ceļa, kurā nav jāiejaucas citiem cilvēkiem.

Egoisma nāve ir nenovēršama

> Mīlestība pret brīvību — tā ir mīlestība pret cilvēkiem;
> mīlestība pret varu — tā ir patmīlība.
>
> *Viljams Hezlits* (1778–1830)

Uz mirkli novērsīsimies, lai vēlreiz atgrieztos pie Radīšanas pamatiem. Vienīgais Radītāja radījums — mūsu vēlme saņemt, mūsu egoisms. Tāda ir mūsu būtība. Iemācoties "deaktivēt" savu egoismu, atjaunosim saikni ar Radītāju, jo tikai patmīlība traucē mums atgūt formu, ekvivalentu Viņa formai, kas eksistē garīgajās pasaulēs. Egoisma novēršana — mūsu augšupejas sākums pa garīgajām kāpnēm, labošanās procesa sākums.

Dabas ironijas dēļ cilvēki, izdabājot savām egoistiskajām alkām, nevar būt laimīgi. Un tam ir divi iemesli:

1) kā tika skaidrots pirmajā nodaļā, egoisms ir "lamatas": saņemot vēlamo, pārstājam to vēlēties;

2) egoistiskā vēlme ir saistīta ne tikai ar cilvēka personīgo iegribu apmierināšanu, bet arī ar citu cilvēku neapmierinātību.

Lai labāk saprastu otro iemeslu, nepieciešams atgriezties pie pamatiem. Pirmā no četrām gaismas izplatīšanās stadijām paredz tikai vēlmi saņemt baudu. Otrā stadija jau ir sarežģītāka, un to raksturo vēlme saņemt baudu dodot, jo došana ir Radītāja stāvoklis. Ja cilvēka attīstība apstājas pirmajā stadijā, viņš gūs apmierinājumu tajā pašā mirklī, kad piepildīsies viņa vēlēšanās, un viņam nerūpēs, kas ir citiem.

Otrā stadija — vēlme atdot — mudina ievērot cilvēkus, kuriem mēs varētu dot. Tomēr, tā kā mūsu pamatvēlme ir virzīta uz saņemšanu, skatoties uz citiem, mēs redzam tikai to, ka "viņiem ir tas, kā nav man". Otrā stadija paredz pastāvīgu sevis salīdzināšanu ar citiem, bet pirmā ar tās vēlmi saņemt — pieļauj tieksmi pacelties virs tām.

Starp citu, tieši tāpēc iztikas minimums valstīs nav vienāds. Vebstera vārdnīca izdzīvošanas minimumu skaidro tā: "Cilvēka vai ģimenes ienākumu līmenis, zemāk par kuru sākas nabadzība saskaņā ar valsts valdības apstiprinātajiem standartiem."

Ja visi man apkārt būtu tikpat nabadzīgi kā es, tad es nejustos nabadzīgs. Ja visi man apkārt būtu bagāti, bet mani ienākumi — vidēji, es justos kā pats nabagākais cilvēks uz Zemes. Citiem vārdiem, mūsu standartus veido pirmās stadijas (ko mēs vēlamies gūt) un otrās stadijas (mūsu vēlmi nosaka tas, kas ir citiem) vēlmju salikums.

Būtībā vēlme dot tā vietā, lai kļūtu par garantiju, ka mūsu pasaule var būt laba vieta dzīvošanai, patiesībā ir visa tajā valdošā ļaunuma cēlonis. Tāda arī ir mūsu samaitātības būtība. Tāpēc visa nepieciešamā labošanās sastāv no nodoma saņemt aizstāšanas ar nodomu dot.

Dziedināšana

Nekāda vēlme, neviena iezīme pēc savas dabas nav nepareiza, viss atkarīgs no tā, kā mēs tās izmantojam. Senie kabalisti teica: "Skaudība, iekāre un lepnums cilvēku aizved prom no pasaules." Tas nozīmē — "prom no mūsu pasaules uz garīgo pasauli".

Kā tad tā? Mēs jau norādījām, ka skaudība rada tieksmi izrauties, tā ir progresa dzinējspēks. Skaudības devums ir daudz nozīmīgāks nekā tehniskie vai citi materiālie sasniegumi. Grāmatas *Zoar* priekšvārdā Jehuda Ašlags atzīmē, ka cilvēki var just cits citu un tāpēc izjust, ka pašiem trūkst tā, kas ir citiem. Tā kā viņi ir pārpilni skaudības un vēlas visu, kas ir citiem, tad jo vairāk viņiem ir, jo iztukšotāki jūtas. Galu galā viņi ir gatavi "aprīt" visu pasauli.

Tādējādi skaudība cilvēku aizved tik tālu, ka viņš vairs nevar apmierināties ne ar ko, izņemot pašu Radītāju. Tomēr te Daba ir izjokojusi mūs: Radītājs — vēlme dot, altruisms. Kaut arī sākumā to neapzināmies, vēloties ieņemt vadītāja vietu un kļūt par radītājiem, mēs patiesībā vēlamies kļūt par altruistiem. Tā, pateicoties skaudībai — pašai ļaunprātīgākajai un kaitīgākajai īpašībai —, mūsu egoisms paraksta sev nāves spriedumu, tāpat kā vēzis saēd organismu, kurā patvēries, līdz pats kopā ar sabeigto ķermeni iet bojā.

Mēs vēlreiz atzīmēsim pareizas sociālas apkārtnes veidošanas nozīmīgumu, jo, ja jau esam spiesti skaust, tad vismaz to vajadzētu darīt konstruktīvi, proti, skaust to, kas izraisīs labošanos.

> Lūk, kā kabalisti apraksta egoismu: egoisms ir līdzīgs cilvēkam ar zobenu, uz kura asmens — aromātiski kārdinoša, bet nāvējoša indes

> pile. Cilvēks zina, ka tā ir nāvējoša, bet neko sev nevar padarīt. Viņš atver muti, nolaiza pili no asmens un norij...

Taisnīga un laimīga sabiedrība nevar paļauties uz kontrolējamu vai "pareizā gultnē ievirzāmu" egoismu. Mēs varam mēģināt to savaldīt ar likumu spēku, bet tas darbojas tikai tik ilgi, līdz situācija nekļūst pārāk skarba. Kaut ko tādu varēja novērot Vācijā — tur pastāvēja demokrātija, līdz demokrātijas ceļā ievēlēja Ādolfu Hitleru. Var mēģināt novirzīt egoismu kalpošanai sabiedrībai, bet tādu eksperimentu jau veica ar komunismu Krievijā, un sekas bija bēdīgas.

Pat ASV, valsts, kur cilvēks var brīvi izmantot gan savas, gan kapitālisma iespējas, nespēj darīt savus pilsoņus laimīgus. Saskaņā ar informāciju, kas publicēta *New-England Journal of Medicine*, "katru gadu vairāk nekā 46 miljoniem amerikāņu vecumā no 15 līdz 54 gadiem ir depresijas lēkmes". *Archives of General Psychiatry* konstatēts, ka "stipru antidepresantu lietošana, ārstējot bērnus un pusaudžus, [..] no 1993. līdz 2002. gadam pieaugusi vairāk nekā piecas reizes" — liecina *New York Times* publikācija 2006. gada 6. jūnijā.

Nobeigumā varam piebilst, ka tikmēr, kamēr egoisms gūs virsroku, sabiedrība būs netaisnīga un tādā vai citādā veidā sagādās saviem pilsoņiem vilšanos. Galu galā visas sabiedrības, kas balstās uz egoismu, beigs pastāvēt kopā ar tās radījušo egoismu. Vispārēja labuma interesēs mums tikai vajag pacensties, lai tas notiktu pēc iespējas ātrāk un nesāpīgāk.

Apslēptība

Kabalisti Augstākā spēka sajūtas neesamības stāvokli sauc par "Radītāja vaiga slēpšanu". Šī slēpšana rada ilūziju par izvēles brīvību starp mūsu pasauli un Radītāja (garīgo) pasauli. Ja varētu Viņu redzēt, pa īstam izjust altruisma priekšrocības, tad, bez šaubām, izvēlētos Viņa pasauli, jo Radītāja pasaule — tā ir došanas un baudas pasaule.

Tā kā mēs neredzam Radītāju, tad ne tikai neievērojam Viņa noteikumus, bet pastāvīgi pārkāpjam tos. Patiesībā, ja mēs arī zinātu šos noteikumus, bet neredzētu ciešanas, kuras sev radām, tos pārkāpjot, tad visdrīzāk turpinātu tos pārkāpt, jo uzskatītu, ka palikt egoistiem ir daudz interesantāk.

Iepriekš sadaļā "Dzīves groži" minēts, ka visa daba ir pakļauta vienam likumam — ciešanu un baudas likumam. Citiem vārdiem, viss, ko mēs plānojam, paredzēts, lai atvieglotu mūsu ciešanas vai arī pastiprinātu baudu. Šajā ziņā mēs neesam brīvi. Bet, tā kā mums nav zināms, ka šie spēki mūs vada, uzskatām sevi par brīviem.

Baruhs Ašlags, Jehudas Ašlaga dēls un diženākais kabalists, pierakstīja vārdus, ko bija dzirdējis no sava tēva. Šie pieraksti vēlāk tika publicēti atsevišķā grāmatā "Izdzirdētais" (Šamati). Vienā no piezīmēm ir jautājums: ja mēs esam Augstākā spēka radīti, kāpēc mēs to nejūtam? Kāpēc tas ir apslēpts? Ja mēs zinātu, ko Tas vēlas no mums, nepieļautu kļūdas un neciestu no soda bardzības.
Cik vienkārša un priecīga kļūtu dzīve, ja Radītājs sevi atklātu! Mēs nešaubītos par Viņa eksistenci un varētu visi bez izņēmuma atzīt Viņa varu pār mums un pasauli kopumā. Mēs iepazītu mūsu radīšanas

> cēloni un mērķi, vērotu Viņa reakciju uz mūsu rīcību, sazinātos ar Viņu un lūgtu padomu pirms kaut kādu darbību veikšanas. Cik brīnišķa un viegla būtu tad dzīve!
> Baruhs Ašlags pabeidz savu domu ar loģisku secinājumu: vienīgais, uz ko dzīvē jāorientējas, ir vēlme atklāt Radītāju!

Tomēr, lai iegūtu reālu brīvību, vispirms jāatbrīvojas no "baudu–ciešanu" likuma grožiem. Tā kā tieši egoisms mums norāda, kas sniedz mums baudu un kas — ciešanas, mēs atklājam: lai kļūtu brīvi, vispirms jāatbrīvojas no egoisma.

Brīvās izvēles nosacījumi

Likteņa ironija, taču patiesi brīva izvēle iespējama tikai tad, ja Radītājs ir apslēpts. Jo, dodot priekšroku vienam no iespējamiem variantiem, egoisms mums nemaz neatstāj citu izvēli, kā tikai panākt vēlamo. Pat ja izvēlamies došanu, tā būs došana saņemšanas labad vai egoistiska došana. Lai rīcība būtu pa īstam altruistiska un garīga, tās vērtībai jābūt slēptai no mums.

Ja neaizmirst, ka visa radījuma pastāvēšanas jēga finālā ir atbrīvoties no egoisma, mūsu darbības virziens vienmēr būs pareizs — tas vedīs pie Radītāja. Respektīvi, ja mums ir dotas divas iespējas un nezinām, kura no tām sniegs vairāk baudas (vai atnesīs mazāk ciešanu), tas nozīmē, ka mums tiešām ir dota iespēja izdarīt personīgi brīvu izvēli.

Ja ego neredz, kurai izvēlei ir dodama priekšroka, to var izdarīt, ņemot vērā dažādas vērtību sistēmas. Piemēram, var sev pajautāt: kas ļaus vairāk dot, nevis sniegs lielāku baudu? Ja mums došana ir svarīga, to būs viegli izdarīt.

Var būt vai nu egoists, vai altruists un domāt vairāk par sevi vai par citiem. Citas izvēles nav. Izvēles brīvība eksistē, kad abas izvēles skaidri saskatāmas un ir vienādā mērā pievilcīgas (vai nepievilcīgas). Ja saskatīšu tikai vienu iespēju, man vajadzēs to īstenot. Tātad izvēles brīvība ir iespējama, ja cilvēks izprot gan savu personīgo dabu, gan Radītāja dabu. Tikai ar nosacījumu, ka man nav zināms, kas sniegs vairāk baudas, es varēšu izdarīt patiesi brīvu izvēli un neitralizēt savu egoismu.

Izvēles brīvība

Pirmais garīgā darba princips — "ticība augstāk par zināšanām". Tāpēc, pirms runāt par izvēles brīvības īstenošanu, jāizskaidro kabalas termini "ticība" un "zināšanas".

Ticība

Visās reliģijās un pasaules uzskatu sistēmās uz Zemes ar vārdu "ticība" apzīmē kompensēšanas līdzekli cilvēka nespējai kaut ko saskatīt un atklāt. Citiem vārdiem, neredzot Dievu, mums jātic Viņa eksistencei. Šajā gadījumā mēs kompensējam savu nespēju Viņu ieraudzīt. Tādu parādību sauc par "aklu ticību".

Tomēr ticība tiek izmantota kā kompensācija ne tikai reliģijā, bet it visā, ko mēs darām. No kurienes, piemēram, mums zināms, ka Zeme ir apaļa? Vai dodamies kosmosā, lai patstāvīgi par to pārliecinātos?

Mēs ticam zinātniekiem, kas stāsta par Zemes lodveida formu, tāpēc ka uzskatām viņus par cilvēkiem, kuri ir pelnījuši uzticību, jo viņi pārbauda visu, ko paziņo. Mēs viņiem ticam; tā ir ticība. Akla ticība. Tā bez iespējas pašiem pārliecināties izmantojam ticību, lai aizpildītu iztrūkstošos pasaules ainas fragmentus. Taču šī informācija nav pārliecinoša un droša, tā vienkārši ir akla ticība.

Kabalā par ticību sauc kaut ko pilnīgi pretēju tam, kas tikko tika aprakstīts. Kabalistam ticība ir — sajūtama, dzīva un pilnīga Radītāja un dzīves vadīšanas likuma uztvere. Līdz ar to vienīgais veids iegūt ticību Radītājam — kļūt tādam pašam kā Viņš. Citādi no kurienes mums, šaubu pārņemtiem, zināt, Kas Viņš Tāds vai ka Viņš vispār eksistē?

Zināšanas

Skaidrojošā vārdnīca piedāvā trīs vārda "zināšanas" skaidrojumus (Krievu valodas vārdnīca, M.: *Russkij jazik*, 1981): 1) kaut kādu ziņu iegūšana, informētība kaut kādā jomā; 2) ziņas, atziņas kaut kādā jomā; 3) praksē pārbaudīts realitātes izziņas rezultāts, tā patiess atainojums cilvēka apziņā.

Kā sinonīmus vārdam "zināšanas" citu starpā var aplūkot šādus: saprāts, intelekts, prāts un loģika.

Tagad izlasīsim kabalista Baruha Ašlaga viedos vārdus, kas izskaidro mums, kāpēc nepieciešams pacelties virs zināšanām:

"*Vēlme saņemt bija radīta tāpēc, ka Radītāja mērķis — nest labumu Viņa radījumiem, bet tam nepieciešams trauks, lai saņemtu baudu. Turklāt nav iespējams izjust baudu, ja pēc tās nav nepieciešamības, jo bez apjēgtas vajadzības nekādu baudu izjust nevar.*

Vēlme saņemt ir Cilvēka (Ādama) garīgais veidols, ko radīja Radītājs. Kad sakām, ka cilvēkam tiks dāvāta mūžīgā bauda, tad ar to domāta vēlme saņemt, kura ietvers visas baudas, ko Radītājs lēmis tam sniegt.

Vēlmei saņemt tika doti kalpi, lai tie kalpotu tai. Šie kalpi — rokas, kājas, redze, dzirde utt. Tie visi ir cilvēka kalpi. Citiem vārdiem, vēlme saņemt — saimnieks, bet orgāni — tā kalpi.

Kā parasti, starp viņiem viens ir pārvaldnieks, kurš uzrauga saimniecības kalpotājus, lai tie strādātu vēlamā mērķa — baudas sasniegšanas — interesēs, jo tieši to vēlas saimnieks (vēlme saņemt).

Ja viena no kalpiem trūkst, nebūs arī baudas, kas ar to saistīta. Piemēram, ja cilvēks ir kurls, viņš nespēj baudīt mūziku. Ja ir zudusi oža, viņš nevarēs baudīt smaržu aromātu.

Ja iztrūkst smadzeņu (uzraugs), kurām atbilst desmit strādnieku uzraugs, viss darbs būs vējā un saimniekam būs zaudējumi. Ja kādam ir uzņēmums, kurā strādā daudz darbinieku, bet nav laba pārvaldnieka, viņš var izputēt, nevis gūt peļņu.

Tomēr, pat ja nav pārvaldnieka (zināšanu), saimnieks (vēlme saņemt) ir klātesošs. Pat ja pārvaldnieks nomirst, saimnieks turpina dzīvot. Viņi var būt savā starpā nesaistīti."

Izrādās, ja vēlamies uzvarēt vēlmi saņemt un kļūt par altruistiem, mums vispirms jāuzzvar "štāba priekšnieks" — mūsu personīgās zināšanas. Respektīvi, formula "ticība augstāk par zināšanām" nozīmē, ka ticībai — tapšanai par precīzu Radītāja atveidu — jābūt augstākai (svarīgākai) par zināšanām — mūsu egoismu.

Šī mērķa sasniegšanas veidam ir divi aspekti: personīgajā līmenī tā ir mācību grupa un draugu loks, kuri palīdz radīt apkārtni, kas postulē garīgās vērtības, bet kolektīvā līmenī pastāv prasība, lai visa sabiedrība iemācītos cienīt garīgās vērtības.

Dažos vārdos

Visu, ko dzīvē darām, nosaka baudas un ciešanu princips: mēs izvairāmies no ciešanām un dzenamies pēc baudas, turklāt uzskatot — jo mazāk jāpiepūlas, lai saņemtu baudu, jo labāk!

Baudas un ciešanu princips — atvasinājums no vēlmes saņemt, bet šī vēlme kontrolē visu, ko mēs darām, jo ir mūsu būtība. Respektīvi, varam sevi uzskatīt par brīviem, bet patiesībā mūs vada dzīves groži — bauda un ciešanas —, kurus savās rokās tur mūsu egoisms.

Četri pamatelementi izsaka, kas mēs esam:

1) pamats;
2) pamata nemainīgās īpašības;
3) īpašības, kas mainās ārējo spēku ietekmē;
4) mūsu ārējās apkārtējās vides pārmaiņas.

Mēs spējam ietekmēt tikai pēdējo pamatelementu, bet tieši tas var ietekmēt visus pārējos.

Tātad vienīgais mūsu rīcībā esošais veids pieņemt lēmumu — kādam būt — ir izvēlēties pēdējo elementu, kas ļaus īstenot kontroli un mainīt apkārtējo vidi. Tā kā pēdējā elementa pārmaiņas ietekmē visus pārējos elementus, mēs maināmies. Ja mums gribas atbrīvoties no egoisma, nepieciešams mainīt ārējo vidi tā, lai tā atbalsta altruismu, bet ne egoismu.

Kolīdz atbrīvosimies no vēlmes saņemt, no egoisma važām, kļūs iespējama mūsu virzīšanās uz garīgumu. Tālab jāseko principam — "ticība augstāka par zināšanām".

Ar "ticību" kabalā apzīmē pilnīgu Radītāja uztveri. Var iegūt ticību, kļūstot tāds pats kā Viņš īpašību, vēlmju, nodomu un domu aspektā. Termins "zināšanas" attiecas uz intelektu, mūsu egoisma "uzraugu". Lai paceltos virs tā, nepieciešams padarīt līdzību Radītājam sev daudz svarīgāku, daudz vērtīgāku par visām iedomājamām egoistiskajām baudām.

Personīgā līmenī pastiprinām Radītāja (altruisma) nozīmi ar grāmatu starpniecību (vai citiem informācijas līdzekļiem), draugiem un skolotāju, kurš demonstrē mums atdeves priekšrocības. Sabiedrības līmenī cenšamies ieviest daudz altruistiskākas vērtības.

Tomēr (un tas ir obligāts nosacījums veiksmīgām pārmaiņām) altruistisko vērtību apgūšanai nav jānotiek tikai tālab, lai mūsu dzīve šajā pasaulē kļūtu patīkamāka. Par tās mērķi jākļūst mūsu personības un sabiedrības līdzsvaram ar dabu, proti, ar vienīgo realitātes likumu — altruisma likumu — ar Radītāju.

Kad mēs kā personības un sabiedrība radīsim tādu apkārtējo vidi, mūsu vērtības pakāpeniski nomainīs mūsu apkārtnes vērtības, un tad noritēs dabiska, viegla un patīkama mūsu egoisma aizstāšana ar altruismu.

www.ingramcontent.com/pod-product-compliance
Lightning Source LLC
Chambersburg PA
CBHW070944080526
44587CB00015B/2221